ROLAND ARPIN

ET

LE MUSÉE DE LA CIVILISATION

Les **G**rands
Gestionnaires
et leurs *œuvres*

R**OLAND**

A**RPIN**

ET

LE **M**USÉE DE LA CIVILISATION

G**ENEVIÈVE** S**ICOTTE**
F**RANCINE** S**ÉGUIN**
L**AURENT** L**APIERRE**

1993
Presses de l'Université du Québec
2875, boul. Laurier, Sainte-Foy (Québec)   G1V 2M3

Révision linguistique : Monelle Gélinas

Conception graphique : Norman Dupuis

Composition et mise en pages : Info 1000 mots

ISBN 2-7605-0741-6

Dépôt légal – 4ᵉ trimestre 1993
Bibliothèque nationale du Québec
Bibliothèque nationale du Canada
Imprimé au Canada

LA COLLECTION

LES GRANDS GESTIONNAIRES ET LEURS ŒUVRES

> *Le meilleur chef est celui dont on sait à peine qu'il existe*
> *Il est moins bon si la foule lui obéit et l'acclame*
> *Le pire est celui qu'on méprise*
> *Mais du bon chef, qui parle peu, une fois la tâche achevée*
> *Et le dessein accompli, tous diront :*
> *« Nous avons fait cela nous mêmes ! »*

Lao Tsu

De nos jours, nous avons beaucoup de problèmes avec les dirigeants. Certains se demandent même s'ils ne sont pas à la source de nos problèmes. Les dirigeants qui arrivent à obtenir la coopération des autres se font de plus en plus rares. Pourtant, il n'y a pas de génération spontanée : à toute grande œuvre est associé un grand dirigeant. Même les œuvres les plus collectives ont été guidées ou catalysées par une personne particulière. On peut même dire que l'absence de dirigeants est souvent associée au chaos, à l'anarchie, à la destruction.

Qu'est-ce qui fait le bon dirigeant ? Comment le devient-on ? Nous ne savons répondre que partiellement à ces questions. On sait reconnaître un bon chef lorsqu'on le voit, mais on a beaucoup de mal à déterminer ce qui en fait un bon chef. Et ce n'est pas faute de recherches ! La littérature est remplie de données qui permettent de reconnaître l'influence des dirigeants sur les organisations. Les obsessions des dirigeants (Noël, 1990), leurs valeurs et leurs croyances (Selznick, 1957), leur vie intérieure (Zaleznik, 1990; Lapierre, 1992; Kets de Vries, Miller et Toulouse, 1982), leur sexe, leur âge, leur formation, leurs expériences et leurs origines sociales (Hambrick et Mason, 1984; Bhambri et Greiner, 1991), leurs démarches intellectuelles et l'importance qu'ils accordent à la démarche rationnelle (Frederickson et Mitchell, 1984; Frederickson et Iaquinto, 1989), leurs émotions, leurs niveaux de complexité cognitive et de maturité (Bhambri et Greiner, 1991), leur degré de libéralisme, leurs attitudes face au changement, leur degré de stabilité et d'ancienneté (Miller, 1991) influencent de manière décisive, et empiriquement vérifiée, le comportement et donc la stratégie de l'organisation.

On connaît de plus en plus les ingrédients qui font le bon chef. Pourtant, nous savons aussi que ces ingrédients ne se retrouvent jamais combinés de la même manière. Il y a une symbiose tellement forte entre la personne qui dirige, son milieu organisationnel, les personnes dirigées et l'action entreprise qu'il est presque impossible de reproduire les mêmes comportements avec un succès égal. De plus, il y a toujours un aspect mystérieux à la relation entre dirigeants et dirigés, qui n'arrête pas d'éluder les outils savants ou rustiques des chercheurs. C'est probablement pour cela que la formation des futurs dirigeants, dans les temps anciens, était confiée à des précepteurs dont le rôle consistait à développer chez les jeunes candidats une vision large du monde et à décrire les réalisations et les comportements de dirigeants ayant marqué l'histoire. La seule façon de former les dirigeants, pensait-on, était d'en faire des êtres cultivés et d'alimenter leur imagination en leur décrivant ce que de grands dirigeants, qui ont laissé leur empreinte sur des organisations importantes, ont fait.

Parmi les petites choses que nous connaissons sur les dirigeants et sur ce qu'ils font, on peut en citer trois (Andrews, 1987). Tout d'abord, le dirigeant est « l'architecte de la raison d'être de l'organisation ». Rien n'est plus important que de montrer le chemin, de conceptualiser les objectifs et de guider les membres de l'organisation vers eux. En corollaire, il est essentiel que le dirigeant veille à ce que l'organisation ne dérive pas. Même si cela semble trivial, tenir le compas, maintenir le cap, tout en essayant de maintenir la pertinence de l'organisation par rapport à son milieu, est essentiel pour la survie de toute entreprise humaine. En effet, l'action dans les organisations peut être tellement enivrante pour les individus qu'ils se laissent emporter par leur enthousiasme dans toutes sortes de directions. En poursuivant leurs intérêts, ils peuvent faire perdre son âme à l'organisation. Seules la vigilance, la constance et la détermination des dirigeants évitent à une organisation de se perdre sur des terrains qui ne lui sont pas favorables. De ce fait, ils sont amenés à jouer deux grands rôles complémentaires à celui d'architecte de la finalité, soit celui de « leader personnel », qui donne l'exemple et sert de modèle, et celui de « leader de l'organisation », qui veille aux résultats et s'assure que la complaisance ne s'empare pas des membres.

C'est difficile d'être un grand dirigeant. Et de nos jours, les problèmes sont tellement compliqués que reconnaître les grands dirigeants qui résistent à l'usure du temps parmi la foule d'opportunistes qui recherchent les réussites immédiates est un défi majeur. C'est pour cela que les « dirigés » eux-mêmes ont besoin d'être éduqués. Et la seule façon de le faire consiste à décrire l'action de ceux qui ont dirigé.

Tel est le but de cette collection. Nous l'avons intitulée « Les Grands gestionnaires et leurs œuvres », mais ce titre ne devrait pas tromper le lecteur. D'abord, nous n'avons pas de normes calibrées pour évaluer le leadership. Personne n'en dispose et n'en disposera jamais. Nous avons alors simplement décidé de faire confiance au jugement de quelques chercheurs, donc à leur subjectivité, pour le choix des monographies qui sont publiées. Ensuite, il nous arrivera de décrire des dirigeants qui, par les normes communément admises, ont échoué, mais qui à nos yeux ont fait des choses dignes d'être mises au jour. Finalement, nous encourageons le lecteur à utiliser son sens critique pour apprécier le caractère exemplaire des dirigeants choisis. L'objectif de ces monographies n'est donc pas de révéler des normes, mais d'alimenter l'imagination, la réflexion et peut-être le débat.

Il est important de dire aussi que « les grands dirigeants » ne font pas nécessairement les manchettes des journaux populaires. Ils peuvent parfois être inconnus du grand public. Qui connaît Masaru Ibuka, le créateur de Sony. Même au Japon, seuls les initiés connaissent ce grand dirigeant qui continue à inspirer l'entreprise la plus innovatrice au monde. Au Québec, le commun des mortels, et en particulier nos jeunes étudiants, ignorent presque tout de ceux qui, par exemple, à Hydro-Québec, au Mouvement Desjardins, à Power Corporation, aux Coopérants, à la Banque nationale, à Provigo, ont permis les réalisations qui nous impressionnent aujourd'hui. La notoriété n'est souvent pas leur préoccupation. Leur passion est mieux exprimée par les termes : réaliser, servir, contribuer. En tous cas, c'est à ceux-là que cette collection est consacrée.

Les premières monographies qui ont été réalisées portent surtout sur des dirigeants d'organisations du Québec, notamment Roland Arpin et le Musée de la civilisation, Laurent Beaudoin et Bombardier. D'autres suivront. Sur les tablettes, nous avons des monographies de dirigeants d'entreprises privées, d'organismes publics, de gouvernements et d'organisations à but non lucratif. Parmi les plus avancées, il y a celles sur Claude Castonguay et ses multiples réalisations, sur les dirigeants du Club de hockey Canadiens de Montréal, du Jardin botanique et du Biôdome. Cependant, cette collection s'orientera aussi vers de grands dirigeants extérieurs au Québec et dont les réalisations ou les comportements peuvent avoir une valeur d'exemple pour la communauté québécoise.

La réalisation de cette collection demande beaucoup d'efforts et de ressources. D'abord, il faut mentionner la contribution de l'École des HEC et de son directeur actuel, M. Jean Guertin, qui a reconnu l'utilité d'une telle collection pour la communauté dont nous faisons partie. Il y a aussi la contribution de mes collègues Marcel Côté, Richard Déry, Laurent Lapierre et Francine Séguin qui, au sein du comité de rédaction de la collection, ont travaillé à donner une forme définitive à la collection et à en faire une réalité. Il faut aussi mentionner la complicité et la sympathie dont nous avons bénéficié du grand administrateur qu'est Adrien Lacombe, et de la directrice de la recherche, Suzanne Rivard.

Avant de laisser la place à ce qui est le plus important, la description des gestionnaires en action, j'aimerais terminer sur une note personnelle. Les dirigeants des organisations arrivent à obtenir la coopération des membres au moins autant par ce qu'ils sont que par ce qu'ils font. Après l'accident de l'Exxon Valdez, lors d'une assemblée d'actionnaires, l'un d'entre eux a saisi l'imagination de tous lorsqu'il a interrompu le Président de l'entreprise en lui disant : « Monsieur, ce que vous êtes parle si fort que je n'entends pas ce que vous dites ! ». De même, dans son remarquable livre, *L'homme qui plantait des arbres*, Jean Giono nous a démontré comment une personne inconnue et sans instruction, Elzéar Bouffier, pouvait, sans discours, et par son seul comportement, saisir notre imagination et nous montrer que la voie de la foi, de la générosité et de la constance dans l'effort contenait ses propres récompenses.

Le leadership, le vrai, contient en soi ses propres récompenses. Dans le livre de la vertu du Tao, Lao Tsu a bien saisi cela en nous avertissant que les applaudissements seront rares. Ils devront venir de l'intérieur, de la petite sculpture intérieure du dirigeant. La plupart de mes collègues et moi-même sommes convaincus que, pour amener les autres à réaliser de grandes choses, les dirigeants ont parfois besoin de quelques connaissances et de beaucoup de savoir faire, analytique et interpersonnel. Mais ce qui est essentiel reste implicite, bien que très visible : le savoir être ou simplement la façon d'être. C'est peut-être cela qui donne son caractère mystérieux et insaisissable à la direction des personnes et des affaires.

C'est pour cela que nous avons l'espoir que ces monographies vont susciter de l'intérêt pour un regard plus attentif sur nos dirigeants. Cela permettra peut-être de comprendre les défis personnels et organisationnels auxquels ils font face et d'apprécier leur contribution, même lorsqu'elle est moins que parfaite.

Taïeb Hafsi
École des HEC, Montréal
Le 9 septembre 1993

TABLE DES MATIÈRES

INTRODUCTION

Comment dirige-t-on efficacement une organisation ? Comment obtient-on du succès de façon continue ? Comment apprend-on à diriger et à gouverner ? Comment assure-t-on son progrès et son développement personnels comme gestionnaire ? Voilà autant de questions qui intéressent tous les dirigeants et pour lesquelles il n'y a pas de réponses faciles. On enseigne toujours que la gestion est un processus normatif et linéaire, où l'on doit planifier, organiser, diriger et contrôler. On incite les dirigeants à adopter les nouvelles modes ou recettes qui ne manquent pas d'apparaître : dans les dernières années, qui n'a pas entendu parler de la direction par objectifs, de la gestion participative, de l'entreprise du troisième type, de la gestion stratégique par alliances ou encore de la qualité totale ? Cependant, malgré les idées reçues et les certitudes professées avec assurance, malgré l'abondance des recherches et les nombreux écrits sur la question, les généralisations trop ambitieuses sur « l'art de la gestion » restent hasardeuses.

C'est au contact de la « vraie vie », de la réalité d'une gestion et d'un gestionnaire, qu'on peut vraiment saisir ce qu'est la gestion. L'expérience concrète de la direction et du fonctionnement d'une organisation demeure la voie par excellence par laquelle les gestionnaires peuvent apprendre ce que c'est que diriger. C'est aussi par l'expérience concrète qu'ils peuvent mettre à l'épreuve leur vision du monde, leurs idées, leur pouvoir personnel, qu'ils peuvent évaluer l'effet de leurs actions sur le fonctionnement, le climat interne et les résultats obtenus par leur équipe et leur organisation. Mais tous n'ont évidemment pas le privilège d'être gestionnaires au sommet, et d'acquérir ainsi cette expérience concrète. C'est pourquoi la collection « Les grands gestionnaires et leurs œuvres » s'est donné pour objectif de présenter l'histoire de dirigeants et d'entreprises qui font la fierté de leur communauté et de leur époque. Ces biographies veulent dépeindre le plus fidèlement possible la réalité d'un dirigeant, sans adopter de théorie préconçue et sans émettre de jugement de valeur sur les personnes étudiées. Elles constituent ainsi une sorte de substitut à l'expérience concrète, permettant de comprendre de l'intérieur la réalité d'un leader et d'apprendre par l'exemple.

Dans ce livre, pour aider le lecteur à mieux comprendre les réalités de la direction et de la gestion, nous avons adopté une perspective phénoménologique. Il s'agit d'une approche centrée sur la personne du dirigeant et sur sa pratique, et par laquelle on s'efforce d'atteindre l'expérience subjective du dirigeant, d'en saisir le sens et d'en donner une représentation aussi vraie, complète et vivante que possible. Cette représentation (qui peut prendre la forme d'une histoire de cas ou d'une courte biographie) veut faire ressortir ce qu'il y a de typique, d'original et d'unique chez un dirigeant, que ce soit dans son cheminement personnel, ses relations aux autres et à ses milieux, et ses relations à lui-même.

Vouloir atteindre l'expérience subjective du dirigeant, ce n'est pas nier l'importance de l'objectivité. Les réalités extérieures au gestionnaire, qu'il s'agisse des opportunités et des menaces que présente le contexte dans lequel évolue son organisation, des forces et des faiblesses de celle-ci ou des convictions et valeurs partagées par ses collaborateurs, demeurent toujours des éléments cruciaux avec lesquels le dirigeant doit composer. Il a le devoir de connaître le mieux possible ces réalités, tout comme il a le devoir de se tenir informé des nouveaux modèles et des nouvelles théories. Cependant, si l'objectivité est très importante, il n'en demeure pas moins que les faits, les informations, les connaissances, les modèles ou les théories ne s'imposent pas d'eux-mêmes. C'est toujours une personne qui décide, implicitement ou explicitement, de s'informer, c'est-à-dire de choisir parmi une masse de données objectives celles qui lui semblent pertinentes. C'est subjectivement que la personne utilise ces informations, les intègre et les met à profit dans son action. Connaître et agir, même quand on est bien informé, sont donc nécessairement des activités subjectives. On utilise aussi sa subjectivité pour se comprendre soi-même et pour comprendre les autres. C'est encore la subjectivité qui permet de proposer des visions nouvelles et personnelles, de mettre à contribution l'intelligence et l'énergie d'autres personnes, de les engager de façon authentique et de les mobiliser dans un projet commun. Si l'objectivité demeure la dimension la plus importante de la pratique d'un dirigeant, c'est la subjectivité qui détermine les orientations qu'il prendra et les gestes qu'il posera. Pour mieux comprendre et pratiquer la gestion, une réhabilitation de la dimension subjective s'impose donc.

Mais la subjectivité ne tombe pas du ciel. Elle est nourrie par l'histoire personnelle de l'individu, qui peut l'enrichir en s'informant, en se cultivant et en s'inspirant de la subjectivité des autres pour mieux découvrir et utiliser la sienne. C'est cette formation et cette modification perpétuelle de la subjectivité que nous voulons étudier. Le dirigeant vient nécessairement de quelque part, et son cheminement n'est pas le fruit du hasard. Ses choix personnels et professionnels s'inscrivent dans une histoire de vie où s'est forgée graduellement sa vision du monde et des choses, sa pensée, sa façon d'agir et ses façons d'intervenir comme dirigeant. C'est dans ce cheminement personnel, examiné sur une longue période, que peut se trouver une ligne directrice permettant de comprendre la conception que le dirigeant se fait de la gestion.

Dans cet ouvrage, nous avons choisi de nous intéresser à la carrière et à l'œuvre de Roland Arpin. Plusieurs raisons ont guidé ce choix. La première a trait à la qualité de l'homme et à son cheminement de carrière impressionnant. Roland Arpin est un homme d'une grande culture et jouissant d'une capacité de travail hors du commun. Il semble toujours être là quand quelque chose d'intéressant va se passer. Il a d'abord été enseignant dans les années cinquante et au début des années soixante, à une époque où le monde de l'enseignement était particulièrement effervescent. Quelques années plus tard, à l'époque de la création des cégeps, il devenait administrateur scolaire alors que se mettaient en place de nouvelles structures qui allaient permettre la réalisation de projets mobilisateurs. Il était ensuite nommé sous-ministre à la planification au ministère de l'Éducation alors que cette question était devenue stratégique pour le développement du Québec, sous-ministre aux Affaires culturelles alors que la culture devenait une préoccupation nationale, secrétaire du Conseil du trésor pour être non seulement le témoin mais aussi l'artisan d'une importante réforme administrative, et enfin directeur général d'un musée d'envergure alors que la muséologie suscitait un engouement sans précédent. Rien de tout cela ne semble avoir été calculé, mais le résultat net n'en est pas moins une carrière exceptionnelle. Certains diront que le sort a été favorable à Roland Arpin, qu'il a eu la chance d'être sollicité au moment où il y avait des tâches délicates et importantes à accomplir; mais on pourrait aussi soutenir que le succès est venu à Roland Arpin parce qu'il a su répondre « présent ! » au moment propice.

La deuxième raison qui nous a amenés à nous pencher sur la vie de Roland Arpin est le fait qu'il soit un gestionnaire œuvrant dans le secteur public. Avec la mondialisation des marchés, on parle beaucoup de la complexité de la gestion dans le secteur privé, mais on oublie que le secteur public est le lieu d'une complexité tout aussi grande. Les contraintes financières y sont devenues très importantes, et les enjeux pour la société y sont plus cruciaux que jamais. De plus, la qualité des gestionnaires de ce milieu est au moins égale à celle des gestionnaires du secteur privé : Roland Arpin dit y avoir rencontré nombre de hauts fonctionnaires compétents et dévoués. L'occasion était donc belle de suivre la carrière d'un gestionnaire public dont l'ascension a été très rapide pour mieux comprendre ce qui fait qu'on réussit dans ce secteur, mais aussi pour voir quelles sont les pratiques de gestion publique qui peuvent être transférées dans une entreprise dirigée avec l'esprit du secteur privé.

La troisième raison qui explique notre choix est le fait que Roland Arpin soit resté un pédagogue dans l'âme. Ce métier de pédagogue, il l'a exercé quand il était professeur, mais aussi à toutes les autres étapes de sa carrière, et même au Musée de la civilisation, qui est avant tout axé sur la démarche d'apprentissage du visiteur. Roland Arpin est un vivant témoignage du rôle d'éducateur que peut jouer le dirigeant, contribuant par son action et son exemple au développement et à l'épanouissement de ses collaborateurs. Le fait qu'il ait accepté de se prêter à cette biographie montre d'ailleurs l'importance qu'il accorde à ce rôle d'éducateur.

La dernière raison qui a motivé notre choix, et peut-être la plus évidente, est le succès remarquable que connaît le Musée de la civilisation. Le Musée est devenu un objet de fierté pour ses employés, mais aussi pour les gens de la région et de tout le Québec. Roland Arpin, appuyé de son équipe de collaborateurs, y a élaboré et mis en place un concept profondément novateur qui montre bien son côté visionnaire. La muséologie y dévoile un visage vivant et attrayant, et attire en conséquence un public nombreux, assidu et enthousiaste. Le Musée de la civilisation est maintenant cité en exemple, et Roland Arpin et ses collaborateurs sont invités partout dans le monde à faire part de cette vision nouvelle et des modes de gestion qui y sont associés.

La démarche qui a conduit à la réalisation de ce livre s'est étalée sur une période de deux ans. Au printemps 1991, nous avons proposé notre projet à Roland Arpin, qui nous a donné son accord. Dans un premier temps, avec la collaboration de ses services, nous avons recueilli le plus de matériel possible sur l'homme, son cheminement, sa pensée et son œuvre : la documentation publique accessible, ses écrits publiés (livres et articles), et surtout les nombreuses conférences qu'il prononce régulièrement sur des sujets fort variés. Nous avons ensuite entrepris la réalisation du projet par la lecture de la documentation, la visite du Musée et la préparation des entrevues. Celles-ci, d'une durée d'une journée chacune, ont eu lieu en novembre 1991 et en février 1992. À l'occasion de la première de ces rencontres, Roland Arpin lui-même nous a offert une visite guidée de « son » Musée, des diverses salles d'exposition et des locaux administratifs. Les entretiens ont été retranscrits *in extenso* et une recherche documentaire additionnelle a permis de les compléter.

L'étape subséquente consistait à traduire dans un texte ce que nous avions vu, lu et entendu. L'objectif était d'en arriver à un document qui soit le reflet le plus fidèle possible de la pensée de Roland Arpin, de son cheminement et de ses façons de faire et de diriger. Nous étions toutefois bien conscients du caractère risqué et délicat de notre entreprise. Le fait même de dépeindre une personne et son œuvre, d'écrire un texte, comporte nécessairement une part d'interprétation, à laquelle s'ajoute l'interprétation que fera à son tour le lecteur. Il fallait donc veiller à garder ouvertes les multiples pistes de lecture de cette biographie, tout en organisant suffisamment la matière pour qu'elle soit significative. Notre entente avec Roland Arpin était claire dès le départ : il devait approuver le document du premier au dernier mot. C'est à l'automne 1992 que nous lui avons soumis notre travail. Sa première réaction en a été une de pudeur et de gêne : allait-il vraiment étaler sa vie au grand jour, même sous des prétextes pédagogiques ?

Après quelques jours de réflexion, il a finalement accepté, décidant même de jouer le jeu jusqu'au bout. Il a profondément enrichi la première mouture du texte en suggérant des ajouts importants et en apportant des corrections et des précisions. En décembre 1992, nous avons produit une nouvelle version du document. À la suite d'autres échanges, nous avons ajouté des éléments supplémentaires de contenu, réorganisé légèrement le texte et apporté les dernières corrections et précisions. Le début de 1993 a ensuite été consacré à la préparation de la version finale et à la recherche de l'iconographie permettant d'illustrer le style de gestion de l'homme.

Nous sommes sortis enrichis de cette expérience. Nous avons connu un homme remarquable, dont l'œuvre est aussi diverse que réussie, un homme de grande culture, un travailleur acharné ayant le souci de l'exactitude et du travail bien fait. Nous avons pu apprécier sa disponibilité, sa générosité et son sens de l'aventure, de l'inédit et de la découverte. Pendant toute notre recherche, il s'est montré le pédagogue qu'il a été tout au long de sa carrière, expliquant clairement sa pensée, soucieux d'être utile aux gens qui s'intéressent à la direction et à la gestion des organisations. Nous avons beaucoup appris à son contact, et nous sommes persuadés que les lecteurs apprendront beaucoup également. Nous remercions Roland Arpin de s'être prêté d'aussi bonne grâce à notre projet.

Nous voulons également exprimer notre gratitude à l'École des Hautes Études Commerciales et à la direction de la recherche, qui ont supporté financièrement notre projet. Enfin, nos remerciements vont à Taïeb Hafsi, qui a eu l'idée de la collection « Les grands gestionnaires et leurs œuvres » et qui en est aujourd'hui responsable. Il a appuyé avec enthousiasme le choix de Roland Arpin comme grand gestionnaire, et son soutien et ses conseils nous ont été précieux tout au long de notre travail.

De l'œuvre et de l'homme

VISITE GUIDÉE

C'est dans le Vieux-Port de Québec que se dresse le Musée de la civilisation. Les maisons d'époque abondent ici, et le Musée tente par son architecture de conjuguer vestiges du passé et audaces du présent. On aperçoit de loin sa toiture de cuivre que l'oxydation commence à verdir, formée de multiples losanges, lucarnes et lanterneaux qui évoquent l'architecture ancienne des bâtiments environnants. Surplombant le tout, un campanile de verre répond aux flèches des nombreuses églises du quartier. Le bâtiment est d'une architecture où alternent le lourd et le léger – calcaire gris massif qui se fond avec les bâtiments environnants, rythmé par le verre des multiples fenêtres et puits de lumière. Cette armature audacieuse intègre quelques éléments plus anciens du quartier, faisant en quelque sorte un écrin moderne à ces joyaux du passé : la façade de la rue Saint-Pierre laisse voir l'ancienne Banque de Québec, datant de 1865, ainsi que la maison Estèbe, datant de 1752. Toutes deux, intégralement préservées, abritent les services administratifs. Un quai datant de la même époque se trouve dans le hall d'entrée de l'édifice et en structure la composition.

L'espace, c'est avant tout cela qui frappe le visiteur qui pénètre dans le bâtiment. On se croirait presque en plein air, tant le plafond est haut, tant les grandes fenêtres diffusent une lumière changeante et naturelle. Les murs et le sol sont de granit, les premiers gris et l'autre rose. Il s'en dégage une impression de force et de solidité qui équilibre les dimensions presque démesurées du hall. Tout le devant de la salle est occupé par une fontaine ou, pour mieux dire, par une sculpture de pierre et d'eau : dans un bassin rectangulaire, d'énormes blocs de calcaire aux arêtes brisées s'amoncellent, jetés en éboulements comme par la main d'un géant. C'est « la Débâcle », une œuvre d'Astri Reusch. L'éclatement des glaces à la fin de l'hiver, magnifié de la sorte, atteint à une puissance quasi abstraite. Si le regard remonte, il est séduit par de vastes fenêtres qui sont de véritables murs de verre; elles laissent voir la cour intérieure du Musée, dont l'une des façades est formée par la vieille maison Estèbe. Dans les hauteurs du hall, on aperçoit de grands mobiles se mouvant librement dans l'espace dégagé, oiseaux immenses captant la lumière et les mouvements invisibles de l'air.

Mais à peine le temps est-il donné au visiteur d'admirer les lieux qu'un des guides postés à l'entrée vient vers lui. Il en est ainsi pour chacune des 760 000 personnes qui franchissent chaque année les portes du Musée — une fréquentation qui place le Musée de la civilisation au premier rang des musées canadiens. Chaque visiteur est salué et accueilli avant d'être orienté vers la billetterie. Là, il a l'embarras du choix : l'espace multifonctionnel qu'est le Musée présente simultanément onze expositions, s'adressant à des publics diversifiés. La particularité de ces expositions est qu'elles s'organisent non pas autour d'objets, comme le fait la muséologie tradition-nelle, mais plutôt autour de thèmes historiques ou contem-porains, dans une approche qui privilégie le plaisir de découvrir et d'apprendre. Les objets interviennent comme des illustrations, des témoins venant appuyer un message qui est aussi transmis par des films, des bandes vidéo, des jeux

LE MUSÉE DE LA CIVILISATION
EST UN LIEU MAGNIFIQUE,
UNE GRANDE PLACE PUBLIQUE,
À L'IMAGE DE SON ARCHITECTURE.
UNE SCULPTURE D'ASTRI REUSCH
INTITULÉE *LA DÉBÂCLE*
ORNE LE BASSIN OCCUPANT
LE GRAND HALL D'ENTRÉE.

interactifs, des panneaux d'information et des bandes sonores composées d'une profusion de musique, de bruits de la vie quotidienne et de paroles.

Parmi les expositions les plus marquantes : « Mémoires », un trajet historique dans le Québec d'hier et d'aujourd'hui, avec ses coutumes et ses traditions, mais aussi ses bouleversements sociaux et politiques; « Souffrir pour être belle », exploration de la beauté et des contraintes qu'elle impose; « Toundra et Taïga », qui juxtapose les environnements nordiques de l'Orient et de l'Occident et en fait voir les ressemblances en une saisissante reconstitution; « Être dans son assiette », qui se veut une réflexion parfois humoristique sur les habitudes alimentaires des Nord-Américains que nous sommes, mais aussi une sensibilisation aux conditions de vie des pays du Sud; « Jeux », qui explore cette activité humaine universelle dans toutes ses ramifications, s'interrogeant sur le hasard et la compétition; « Mi-vrai, mi-faux », brillante et parfois hilarante prestidigitation où la copie se fait plus réelle que le vrai; « El Dorado. L'or de Colombie », mettant en valeur des trésors prêtés par la Banque de Colombie – de l'or éblouissant posé sur un fond de velours sombre, guetté par le regard sans âge d'une authentique momie précolombienne accroupie dans une cage de verre suspendue au-dessus de nos têtes; et enfin, la plus traditionnelle de toutes, « Objets de civilisation », qui présente la collection du Musée. Certaines expositions ne durent que quelques semaines, tandis que d'autres sont destinées à rester en place plusieurs années. Certaines sont à vocation scientifique ou technique, alors que d'autres constituent véritablement un trajet poétique. Certaines s'adressent à un public d'écoliers, tandis que d'autres font appel aux souvenirs des personnes ayant connu la guerre ou le Québec de Duplessis. Mais toutes ces expositions font le pari de considérer le visiteur comme un être doué d'intelligence et de sensibilité, un être qui, parce qu'il s'inscrit dans une culture et une civilisation, est capable de les comprendre. Le Musée se veut aussi un foyer culturel de la vie québécoise, présentant de multiples activités – conférences, films, animations pour les enfants, ateliers divers – étroitement reliées aux expositions en cours.

UNE CARRIÈRE AUX CHEMINS IMPRÉVUS

Ce musée existe parce que l'État en a décidé ainsi et lui en a fourni les moyens, mais son style, ses choix culturels et éducatifs sont dus en grande partie à la vision d'un homme qui n'est pourtant ni muséologue ni historien de l'art : Roland Arpin. Son cheminement quelque peu imprévisible, sans tout expliquer, nous fournit quelques indices sur les raisons de sa présence à la tête de l'institution. Il est tout à fait normal qu'il soit perçu de prime abord comme un fonctionnaire de carrière. Les responsabilités qu'il a assumées de 1975 à 1987 au sein du gouvernement du Québec justifient largement cette perception. Mais si on y regarde de plus près, on se rend compte que sa carrière est de plus polyvalente; il la qualifie lui-même de « *variée, cumulative et convergente* ». En fait, une ligne directrice la parcourt : Roland Arpin est avant tout un pédagogue et un éducateur. Ce métier, il l'a toujours pratiqué sous des vocables différents et dans le cadre de mandats qui se sont élargis au fur et à mesure de ses années d'engagement professionnel. Et c'est là une autre constante chez lui : il s'engage dans ce qu'il fait, profondément et passionnément.

Depuis le primaire jusqu'à l'universitaire, Roland Arpin parcourra tout le cycle de l'enseignement. « *Ma véritable passion, c'est la communication, le plaisir de dire, d'expliquer, d'établir des rapports entre les connaissances. Mes plus grandes joies d'éducateur me renvoient à quelques souvenirs fugaces : un enfant, émerveillé devant le globe terrestre, qui découvre qu'il est un individu unique, original mais que des continents entiers peuplés de millions d'humains également tous uniques et différents sont à découvrir; un adolescent qui comprend les liens entre mathématiques et astronomie, éthique et biologie, géographie et politique; une adolescente qui pénètre l'univers de Proust, le cinéma japonais ou les richesses des grandes religions du monde; plus simplement, un ouvrier de East Angus qui peine sur un manuel d'électronique et qui conquiert soir après soir le droit à une modeste promotion. Et encore, ces étudiants de la faculté des lettres qui plongent dans les trésors de la littérature et de la pensée et qui croisent le fer avec moi, jeune professeur d'université qui n'ai pas encore pris la distance qui fonde l'autorité des intellectuels. »*

Pour Roland Arpin, sa nomination à la direction du Cégep de Maisonneuve, puis son passage au ministère de l'Éducation comme sous-ministre adjoint, et ensuite au ministère des Affaires culturelles comme sous-ministre en titre, ne constituent pas des changements de cap. Il y retrouve le même désir de communication, de découverte et de réalisation. Roland Arpin est reconnu comme un habile stratège dans ses activités professionnelles, mais de toute évidence, il n'a pas mis cette habileté au service de sa carrière. Il s'investit corps et âme dans le présent, laissant à d'autres le soin de lui faire signe quand le temps de passer à une autre étape est venu.

Continuité dans la vision éducative, mais continuité aussi dans la pensée. Depuis des textes et des conférences de début de carrière jusqu'à la proposition de politique culturelle formulée en 1991, une filiation s'exprime à travers ces centaines de pages qu'a rédigées Roland Arpin, ainsi qu'à travers la philosophie de gestion qu'il a appliquée dans ses divers mandats. Ce déroulement de carrière non planifié mais logique semble pourtant souffrir d'un détour surprenant : comment Roland Arpin a-t-il pu accepter de diriger les destinées administratives du Conseil du trésor durant trois ans ? À quoi pensait-il en consacrant son énergie à des questions de budgets et de relations de travail ? *« On m'a posé la question cent fois »*, répond-il avec le sourire. Ce détour nous en apprendra autant sur l'homme que les épisodes plus prévisibles de sa carrière. Nous y reviendrons.

ESQUISSE D'UN DIRIGEANT

La cinquantaine avancée, Roland Arpin a l'air encore jeune avec ses cheveux bruns, qui ont malgré tout perdu l'abon-

CLAUDEL HUOT

LES TALENTS DE
COMMUNICATEUR
DE ROLAND ARPIN
SONT RECONNUS.
IL EST CONSTAMMENT
SOLLICITÉ POUR DES
ENTREVUES AUPRÈS
DES MÉDIAS DE LA PRESSE
ÉCRITE ET ÉLECTRONIQUE.
ICI, LORS D'UNE ENTREVUE
POUR LA REVUE *VOIR*,
LE 1er OCTOBRE 1993.

ROLAND ARPIN
AIME ÉCHANGER
AVEC SES VISITEURS.
ON LE VOIT ICI ACCUEILLANT
LE 1 000 000e VISITEUR.
MARS 1990.

PIERRE SOULARD

dance de la jeunesse. Les lèvres charnues et la forte taille dénotent le bon vivant. Une certaine massivité des mains, aux doigts courts et aux ongles carrés, surprend – ce ne sont pas les mains d'un intellectuel, mais plutôt celles d'un homme professant l'amour des choses concrètes. Malgré sa corpulence, il bouge avec agilité, animé par une vigueur interne que l'on sent exceptionnelle. Cet homme-là est une force, sa présence s'impose. Il porte un complet gris d'excellente coupe, mais sans audace. Seule la tache colorée d'une cravate originale rappelle qu'il dirige une institution culturelle, et qu'il doit cacher quelque part une sensibilité esthétique particulière. Le regard attentif, mobile et intelligent séduit. Il est affable, souriant et naturellement porté vers les gens. Il aime parler, s'exprimant avec aisance, tablant sur une vaste culture générale ayant profité de sa capacité d'assimilation hors du commun. De longues minutes durant, il peut tenir un discours informé et articulé, jouant du mot rare, parfois à la limite de l'idiolecte, maniant l'intonation où l'auditeur perçoit les mille nuances de la ponctuation, des guillemets, des soulignés qu'il apporte à ses phrases. Souvent affirmatif, il est peu de sujets qui le trouvent muet – ayant toujours son mot à dire, semblant avoir pensé bien des fois déjà à la question discutée. Cette confiance en lui-même touche presque à la suffisance, mais il est rare qu'il y succombe franchement, et si brièvement... Il peut se montrer presque impatient, n'aimant pas l'indécision, et surtout pas l'incompétence : il sera alors direct, sans ménagements pour son interlocuteur, peut-être même coupant. Par une maxime se situant entre la boutade et l'énoncé de principe, il déclare que le monde est divisé entre les *on* et les *off* – sans dire dans quel camp il se trouve, la chose allant de soi...

Mais s'il connaît à l'évidence ses forces, et partant ses qualités, Roland Arpin semble aussi savoir quels sont ses défauts, et en particulier être conscient de cette présence qui emporte tout sur son passage – un journaliste l'a qualifié un jour de « bulldozer courtois »... Il tempère cela par des manières rieuses et bonhommes, par des formules de modestie, par des marques d'intérêt pour son auditeur; et en tout cela, l'homme est certainement aussi vrai et sincère que lorsqu'il manifeste cette si solide assurance. Il possède aussi une capacité étonnante de relativisation, faisant mentir dans l'action même ses principes un peu absolus. Mélange complexe suscitant à la fois l'admiration, une certaine irritation et le désir de plaire — voilà comment apparaît Roland Arpin.

Avant même de parler de toutes les compétences qu'il a pu acquérir par l'expérience, il faut dire de Roland Arpin qu'il possède naturellement l'art de diriger. Il pratique une gestion qui pourrait être décrite comme un mélange d'affectivité, de savoir-faire technique, de planification à long terme et d'attention aux détails. Par-dessus tout, c'est une gestion soutenue par une vision, celle d'un musée original, ouvert sur le monde, qui fait de l'expérience humaine son centre de gravité. Quelques moments de grâce soutiennent et nourrissent cette vision, expériences où l'imagination reconstruit et magnifie le réel. Reliés entre eux par des rapports peut-être tendus, à la limite du disparate, trois musées occupent dans l'esprit de Roland Arpin le même espace, celui d'un inoubliable apprentissage sur le genre humain.

GENÈSE D'UN MUSÉE

Mwanza (Tanzanie), 1968. Dans le petit village africain, c'est l'heure calme et brève du crépuscule où les animaux du jour se reposent tandis que s'éveillent à peine ceux de la nuit. La silhouette d'une grande case circulaire d'une quarantaine de pieds de hauteur se découpe dans la lumière déclinante. C'est le « musée ». Roland Arpin, invité par ses hôtes, pénètre dans la pièce unique, puis s'engage dans le petit escalier qui longe la paroi circulaire de l'édifice en s'élevant presque jusqu'à son faîte. Et doucement, à chaque marche qu'il gravit, il sent croître en lui un sentiment quasi mystique : au centre de la pièce, dorées par les rayons obliques du couchant qui pénètrent par la porte, se trouvent une quinzaine de statues de bois, figures tutélaires aux formes épurées et énigmatiques. Posées dans un bassin où ont poussé de longues herbes folles, elles s'élancent jusqu'au plafond, où leurs traits se perdent dans l'ombre. Est-ce religion ou art, passé ou présent, culture inconnue ou familière ? Instant magique où, toutes distinctions abolies, il croit toucher du doigt l'universel.

Thaïlande, 1972. Roland Arpin et sa femme Aline sont dans l'autobus qui, de Bangkok, mène au Palais Royal, à environ vingt-cinq kilomètres de la ville. Dans le lointain rendu irréel par un brouillard de chaleur, un bâtiment se dresse, qui peu à peu prend une forme solide, mais tout aussi féerique – une majestueuse construction blanche et vermeille, dont la toiture est formée de pagodes qui plaquent une dentelle d'or contre le bleu du ciel. Lui et Aline se regardent, éblouis. *« Quand je pense que j'ai trente-six ans, et que personne ne m'a jamais parlé de cela... On connaît l'Europe, le Brésil, le Japon, mais la Thaïlande, personne ne m'en a jamais parlé. Voilà des civilisations immenses qui ont existé, qui existent encore, et qu'on ne connaît pas... »*

Paris, 1981. En visite à titre de sous-ministre de la culture, Roland Arpin, par une magnifique journée de printemps, se rend au Centre national d'art et de culture Georges-Pompidou, aussi connu sous le nom de plateau Beaubourg. Premier choc : l'architecture audacieuse et multifonctionnelle de l'édifice. *« Seuls les Français ont cette audace »*, pense-t-il, sans savoir s'il aime ou s'il déteste. Il y a à Beaubourg une bibliothèque, un centre de recherches acoustiques, un musée d'art moderne, une cinémathèque, des amphithéâtres pour la tenue de conférences et de colloques, toutes choses qui en font un immense centre culturel animé par un projet éducatif intégré. Second choc, sans doute beaucoup plus déterminant : ce lieu appartient aux gens qui le fréquentent. Les visiteurs sont ici chez eux, flânant à leur gré, habitant l'endroit et y donnant vie. Non pas une coquille vide comme le sont trop de musées, mais un bel œuf plein, fécond, en perpétuelle éclosion. Il est séduit.

Ces trois moments disjoints dans le temps et dans l'espace, où se révèle la beauté d'une humanité diverse et étonnante, tracent la genèse symbolique du Musée de la civilisation.

Pour ne négliger aucune filiation cependant, il faut aussi parler d'Expo 67. Cet événement, marqué par la découverte d'une multiplicité de cultures vivantes présentées dans tous leurs aspects, des grandes œuvres d'art aux coutumes quotidiennes en passant par les habitudes alimentaires et les réalisations techniques, demeure pour Roland Arpin une référence, mettant de l'avant une conception où la transmission de la connaissance s'effectue par la comparaison et l'interrelation entre différents domaines. De là le fait que le Musée de la civilisation prenne comme premier artefact l'homme et ses gestes, la vie même organisée autour de thèmes que Roland Arpin qualifie de « *fédérateurs* ». De là aussi une phrase clé, presque un slogan, qui est tout à la fois explication du Musée, énoncé de mission et déclaration de principe : « *le Musée dans le monde, et le monde dans le Musée* ». Un musée-microcosme, univers en soi et voie d'accès à l'univers.

Pour comprendre de l'intérieur les expériences de Roland Arpin, les enraciner dans le concret, il faut connaître le cheminement de l'homme, son enfance, son éducation, sa famille, ses expériences autant intimes que professionnelles; il faut aussi habiter ses convictions, sa façon de gérer, sa vision des rapports humains. Pour cela, deux voix se mêleront : la nôtre, qui est en quelque sorte celle d'un narrateur-visiteur découvrant ces lieux et ce récit au fur et à mesure qu'ils se déroulent, et celle de Roland Arpin, se faisant souvent réflexive et analytique, voix de l'expérience venant se superposer et approfondir celle de la découverte. Retour donc dans le temps, à l'époque de l'enfance... L'histoire se passe à Montréal, dans le quartier Rosemont, au début des années trente.

Années d'apprentissage

L'ENFANCE

De tous les points du quartier, on peut apercevoir deux tours dont les sommets aux lignes ovales ont pris la patine vert-de-gris que confère le temps au cuivre : ce sont les clochers de l'église Saint-Marc. Majestueuse construction de pierre de taille entourée d'une vaste pelouse, l'église, flanquée de son presbytère, occupe presque toute la superficie d'un pâté de maisons. On y accède par un escalier imposant faisant toute la largeur de l'édifice. À l'intérieur cependant, point d'ostentation. Seuls les vitraux colorés ornent d'une certaine richesse ce cadre austère : dalles sonores de pierre froide, bancs de bois très sombre, portant chacun son numéro, chœur où montent jusqu'à la voûte de simples colonnes blanches. De chaque côté du transept se creusent deux petites chapelles à la Vierge, où des cierges allumés par des fidèles font briller les seules dorures du lieu.

Aujourd'hui, c'est inutilement que les cloches des tours jumelles font retentir leur voix. Presque plus personne ne vient y répondre. Il y eut pourtant une époque où cette église était le véritable cœur du quartier, de la paroisse, comme on disait alors. Chaque dimanche, des centaines de personnes y affluaient pour assister à la messe qui, tout autant qu'un rituel religieux, était une activité sociale. La nef s'emplissait du bourdonnement léger des voix contenues et des mouvements discrets de la foule. Endimanchés, les gens s'installaient à une place qui leur était souvent réservée. Ils parcouraient lentement l'assemblée du regard, s'arrêtant quelques instants sur les gens de connaissance, qu'ils gratifiaient d'un salut muet. C'était surtout des familles que l'on voyait, mari et femme accompagnés de trois, quatre ou cinq enfants, la mère en chapeau chuchotant à l'oreille du plus jeune qui, calmé, acquiesçait d'un air sérieux, le père fronçant les sourcils devant son adolescent agité. Monde de l'avant-guerre et de l'avant Révolution tranquille, dont l'ordre rassurant semblait immuable.

C'est tout près de l'église qu'habite la famille Arpin, au coin de la rue Beaubien et de la 2e avenue. Plus tard, la famille logera à quelques minutes seulement de là, coin Molson et Beaubien. Le quartier est agréable, pas riche mais « à l'aise », comme se plaisent modestement à dire ses habitants. Le long des rues, ombragées l'été et encombrées de bancs de neige l'hiver, les maisons à deux étages forment une façade ininterrompue. À leur devanture de brique rouge sombre sont accrochés les escaliers tournants typiques de ces quartiers et de grands balcons, où les gens prennent l'air par les belles soirées de juillet. Une ruelle passe derrière la maison; on se croirait presque à la campagne tant les bruits de la rue y parviennent assourdis. C'est là, dans cette sorte de prolongement de la petite cour arrière, que l'on joue en bande. C'est là que se trouve le territoire des enfants.

Des enfants, la famille Arpin en compte cinq, tous d'âges très rapprochés – un écart de près de deux ans sépare les deux plus jeunes, mais les autres n'ont que onze mois de différence : tous appartiennent donc à la même bande de camarades et participent aux mêmes jeux. Roland est placé au milieu, ayant de chaque côté de lui deux frères et deux sœurs.

Dans la famille, l'ordre et la discipline sont des valeurs incontestées, et les jours rythmés de règles bien établies coulent sans secousse. La religion occupe une place importante, non seulement le dimanche, où l'on assiste à la messe en famille, mais dans la vie quotidienne, par la prière. Dans la maisonnée, chacun acquitte sa part des tâches ménagères, selon son âge et son sexe. On fait son lit, on tient les chambres propres. On lave la vaisselle en alternance, les trois garçons un soir, les deux filles l'autre. À l'école, on travaille honnêtement, selon ses capacités. Ce sens du devoir précocement appris n'exclut pas l'ouverture sur le monde et la joie de vivre. Les enfants Arpin sont actifs, toujours assez remuants. Les amis sont bien accueillis à la maison quoique pour en inviter un à souper, il faille en demander à l'avance la permission. C'est dans cette régularité, qui est une forme du bonheur, que tout le monde vit. Tout le monde, ce sont les voisins : les Vermette, qui habitent au-dessus, les Gilbert, et d'autres. Les enfants de ces familles sont les amis des enfants Arpin. Il y a aussi ceux qu'on connaît de plus loin, qui sont des camarades de classe, qu'on rencontre à l'église ou au parc, dans les parties de hockey et de baseball. On a les mêmes jeux, on fait sa première communion ensemble... « *Je n'ai pas souvenir que c'était compliqué de vivre chez nous. Les choses se déroulaient tout doucement, tout naturellement. Il n'y avait pas de conflits non plus. Personne n'est jamais parti en claquant la porte. C'était ordonné. C'était plein de familles de ce genre. Il me semble que dans ma rue, toutes les familles étaient comme cela.* »

L'atmosphère de la maisonnée, où règnent à la fois ordre et vitalité, est à l'image du couple des parents. Entre Florence et Jean, si l'union est tissée de similitudes, elle l'est aussi beaucoup de ces différences qui créent un équilibre harmonieux. Ces parents sont les repères de la famille, les étoiles fixes autour desquelles tourne, pendant l'enfance du moins, tout le reste de l'univers.

LA MÈRE : ÉNERGIE ET CRÉATIVITÉ

Du côté de la vitalité se trouve Florence. Courte, grassette, énergiquement corsetée, cette femme respire la force, le plaisir de vivre, la recherche de la nouveauté, la passion du mouvement et du progrès. Cela n'en fait pas pour autant une personne nerveuse et fébrile. Son sens de l'organisation et son esprit pratique lui font sans cesse garder le cap sur ses projets. À une autre époque, Florence eût été l'une de ces créatrices habitées aussi du sens des affaires dont on célèbre aujourd'hui les succès.

Elle vient d'un milieu ouvrier où, seule fille d'une famille de cinq enfants, elle a été particulièrement choyée, autant par ses parents que par ses frères. C'était une famille joyeuse que la sienne, une famille de bons vivants, qui avait le sens de la fête. Florence a hérité de ces traits. Elle possède en particulier une créativité et une fantaisie inépuisables, qu'elle met au service d'une habileté manuelle exceptionnelle. Ce don se manifeste même et surtout dans les choses les plus concrètes. La maison de même que le petit chalet que la famille possède à la campagne sont décorés harmonieusement, remplis de belles choses fabriquées par la mère. « *Tout ce qu'elle touchait tournait en beauté. Elle faisait de l'artisanat, des poupées, des petits bijoux émaillés... Même si c'était modeste, c'était impeccable et toujours beau, tu avais envie d'avoir ces objets...* » Mais Florence n'est pas femme à s'attacher à ce qu'elle crée. « *Elle avait tellement d'idées que si elle n'aimait plus quelque chose, ça disparaissait aussi vite que c'était venu. Elle pouvait avoir fait de jolis rideaux, mais si elle s'en fatiguait après quelques mois, un beau matin, elle les décrochait et en confectionnait d'autres. Elle avait une capacité de brûler ce qu'elle avait adoré comme j'ai rarement vu.* »

À cette fantaisie et à cette créativité, Florence joint un talent certain pour l'organisation et une polyvalence remarquable. Elle prend plaisir et trouve une valorisation véritable au travail de maison, à la cuisine, à l'organisation de la vie quotidienne. C'est elle aussi qui veille au bien-être des enfants, les réconfortant et écoutant leurs confidences. Elle réussit à accomplir simultanément des tâches variées et nombreuses, présentant aux yeux de sa famille une image de compétence presque infaillible.

Elle n'est pourtant pas sans défauts; en particulier, sa vivacité a comme fâcheuse contrepartie de la faire se montrer directe, parfois jusqu'à l'intolérance. « *Si elle n'aimait pas quelqu'un ou quelque chose, si elle n'était pas d'accord avec une manière de voir, elle ne faisait pas un long discours pour l'expliquer : c'était bref, rapide, et parfois un peu fendant !* »

LE PÈRE : ORDRE ET VALEURS MORALES

Du côté de l'ordre se trouve Jean, le père. Solide comme un chêne, doté d'une carrure de paysan, Jean représente la force physique, la stabilité et la continuité. Conservateur et centré sur les valeurs durables, il établit sans saute d'humeur un heureux équilibre dans le couple. Il vient d'un milieu plus austère que Florence. Sa mère, ayant perdu son mari alors qu'il était dans la force de l'âge, a dû élever seule ses enfants, sept garçons et une fille. Jeune adolescent, Jean est allé vivre chez une tante à Westmount, en milieu anglophone. Il gardera toute sa vie des traces de cette époque : un anglais impeccable, une culture générale plus poussée que la moyenne des Canadiens français, mais aussi le sérieux et même la sévérité de celui qui, tôt dans sa vie, a connu les épreuves et la solitude.

Il cessera de travailler à soixante-seize ans. « *Un matin, en prenant le métro pour me rendre au travail, je me suis dit que c'était aujourd'hui que j'accrochais mes patins* », raconte-t-il. Dix ans plus tard, il est encore dans une forme physique exceptionnelle.

Il travaille dans le domaine de la fourrure. À l'origine, il a été dessinateur et tailleur. Il a acquis sa formation à Boston, où il a passé un an loin de Florence, tandis que celle-ci demeurait à Montréal et travaillait pour subvenir aux besoins du couple et de leur premier enfant. Avec le temps, ses intérêts ont évolué, et il a fini par mettre sur pied son propre commerce de gros. Il vend des manteaux à des détaillants du Québec, mais aussi du Canada anglais et des États-Unis, ce qui l'amène à voyager assez fréquemment. Une cinquantaine d'employés travaillent pour lui, à l'« atelier », comme il appelle sa manufacture. Il ne s'y montre pas un patron autoritaire, croyant plutôt à la valeur de l'exemple, au leadership fondé sur la compétence. *« Ça ne sert à rien de dire comment travailler à des tailleurs s'ils ne sont pas convaincus qu'on sait tailler nous-mêmes »*, aime-t-il à répéter. À chaque automne, il faut tailler les peaux et coudre les manteaux qui iront approvisionner les magasins pour l'hiver qui vient. Pendant ces quelques semaines, le père se remet à sa table de tailleur et, oubliant son statut d'homme d'affaires, retrouve le plaisir du travail manuel, lui qui se sent par nature plus proche de l'artisan que du commerçant. Généralement toutefois, les tâches administratives absorbent la plus large part de son temps. Le commerce des fourrures est soumis aux cycles saisonniers, et si un hiver rigoureux amène de bonnes ventes, une première neige trop tardive peut mettre tous les revenus de l'année en péril. Cette précarité du commerce fait de lui un homme soucieux, un peu inquiet et qui, malgré son attention et son affection à l'endroit des enfants, n'arrive pas souvent à être spontané et détendu.

Pour Jean, le travail bien fait est presque une valeur morale. Tout comme Florence, il est doué pour les travaux manuels, mais alors que les qualités marquantes de celle-ci sont une créativité et une fantaisie débordantes, lui est précis, minutieux à l'extrême. C'est un perfectionniste. *« S'il possédait un moteur pour sa chaloupe, c'était le mieux huilé du village, s'il avait une auto, c'était la plus propre. Il ne laissait pas un fil dépasser... »* Il préfère la logique et l'ordre à l'imprévu. C'est aussi un homme attaché aux valeurs religieuses, et pour lequel la pratique compte beaucoup : *« Il ne pouvait pas s'imaginer que nous n'ayons pas le goût d'aller à la messe. »* Florence, bien que pratiquante elle aussi, est plus souple, plus imprévisible dans ses pratiques et, à mesure qu'elle vieillira, il lui arrivera de plus en plus souvent de s'accorder quelques dérogations. Elle a une foi moins soucieuse et austère, croyant en toute simplicité qu'il y a « *un bon Dieu pour les oiseaux, que de toute manière notre destin est inscrit dans le grand livre et qu'on ne peut rien y changer* ».

Dans la famille, c'est davantage le père que Florence qui exerce l'autorité. Il examine les bulletins des enfants, supervisant les progrès scolaires sans intransigeance, mais avec une exigence constante. Il pousse ses garçons à faire du sport, domaine dans lequel il excelle lui-même, étant un joueur de tennis accompli. « *Mon père était un homme pour qui il fallait performer, être bon.* » Mais ce côté rigoureux, qui le détourne de la facilité et du divertissement, est contrebalancé par une sensibilité artistique aiguisée qui, pour être plus contemplative que celle de la mère, n'en demeure pas moins très présente dans la vie familiale.

Bien que son travail le prenne beaucoup et l'amène parfois à voyager, c'est un homme présent, qui manifeste discrètement son affection à ses enfants et aime faire du sport et bricoler avec eux. Roland n'est pas sportif. S'il participe aux jeux de ses camarades et à quelques activités sportives imposées à l'école, c'est davantage par désir de s'intégrer que par intérêt : « *Je n'ai jamais pris plaisir aux sports et aux jeux, sauf la pêche qui me conduisait en pleine nature. Encore aujourd'hui, je n'aime pas jouer. C'est comme si je n'en avais jamais trouvé le temps.* » Déjà à cet âge, il préfère le bricolage. Parmi les garçons de la famille, c'est lui qui possède la plus grande habileté manuelle. Il passe des heures à l'établi, en compagnie de son père, à travailler le bois.

La fréquentation du milieu de la haute couture et de la mode a développé chez Jean un intérêt pour l'esthétique et certaines formes d'art. Il aime la grande musique et en particulier l'opéra, achetant de nombreux disques des grands classiques qu'il écoute avec recueillement. Il est un fidèle auditeur de « l'Opéra du samedi » diffusé en direct du Metropolitan Opera. Chaque année, durant la longue fin de semaine de Pâques, les parents vont au spectacle à New York. C'est d'ailleurs l'occasion pour Florence, qui ne sait pas un traître mot d'anglais, de faire le tour des boutiques de la *Fifth Avenue* pour en revenir les bras chargés d'emplettes et la tête remplie d'idées. Un simple croquis sur un bout de papier lui permettra dans quelques jours de pousser l'idée plus loin et de se confectionner une robe ou un tailleur impeccable.

Jean est aussi un grand lecteur, une passion qu'il transmettra à Roland. Ce dernier se souvient avec délectation d'un cadeau royal reçu à Noël : l'intégrale de l'œuvre de Jules Verne. « *Je ne me souviens plus du nombre de volumes, mais c'était imposant ! Il me semblait que l'univers entier de la connaissance s'ouvrait subitement à moi.* »

Parlant du goût de son père pour la vie intellectuelle, Roland Arpin fait cette réflexion : « *Les destins sont étranges et liés aux époques et aux circonstances. Autant Florence, ma mère, aurait fait une extraordinaire femme d'affaires, autant mon père, dans un contexte différent, aurait été un intellectuel. Il aurait été très heureux comme professeur d'université ou comme chercheur. Il a été commerçant toute sa vie et il a pratiqué son métier avec le soin et l'application qu'il apporte à toutes choses, mais j'ai toujours pensé qu'il se serait plu davantage dans le monde des idées, qu'il aurait préféré la stabilité des valeurs aux escarmouches de la vie commerçante.* »

UN ÉQUILIBRE HARMONIEUX

Le père et la mère forment un couple à l'équilibre dynamique, où la fantaisie est contrebalancée par la rationalité, le goût du plaisir par le sens du devoir. C'est au père, tout simplement parce qu'il en est capable, qu'il revient de manifester le plus de flexibilité et de tolérance. Il relativise en quelque sorte le caractère vif de sa femme : « *Mon père a toujours dit que la seule chose que ma mère n'avait pas changée, c'était lui...* » Mais cette alliance ne repose pas uniquement sur des contrastes. En particulier, la mentalité d'artisan, qui mêle l'amour du travail bien fait et la créativité, la minutie et la fantaisie, est un trait qui unit profondément le couple. De cela, une image demeure, où se cristallise le rapport des parents. À tous les deux ou trois ans, le père participe à une présentation de modèles de manteaux à New York. Il dessine à cette occasion un patron exclusif devant être gardé secret jusqu'au grand jour, et qui par conséquent est préparé à la maison plutôt qu'à l'atelier. C'est Florence qui confectionne le modèle dessiné par son mari, elle qui a déjà gagné sa vie comme couturière dans la fourrure. La grosse machine à coudre industrielle trône dans une des pièces avec à ses côtés, soigneusement rangées chaque jour, les peaux à la douceur chaude et à l'odeur spéciale. Une fébrilité subtile règne dans la maison, alors que Florence se lève à cinq heures du matin pour travailler une heure ou deux avant que ne commence sa journée habituelle. Son mari s'enquiert régulièrement de l'ouvrage, et ils en discutent le soir en examinant le manteau qui prend forme, fruit de leur travail complice.

L'ÉCOLE : DEVOIR ET PLAISIR

À l'école, les enfants ne sont pas tenus d'être les premiers de classe, mais ils doivent faire de leur mieux. Roland, tout comme ses frères et sœurs, n'est pas exceptionnellement doué. Il se maintient dans la moyenne supérieure de la classe. « *Je ne pense pas avoir été quelqu'un dont on disait : "Il est talentueux, il va aller loin..." J'étais un élève ni remarqué ni remarquable, un élève dont le professeur a oublié le nom deux ou trois ans après qu'il eut passé dans sa classe.* » Les années du primaire se confondent dans un lointain uniforme. À partir du secondaire toutefois, sa personnalité s'affirme davantage, et les traits qui feront de lui un esprit plus littéraire que scientifique commencent à s'esquisser. Il manifeste un talent certain pour la rédaction – il arrivera même à cet élève sage d'écrire deux ou trois compositions françaises sur le même sujet pour des élèves différents, en échange d'autres bons procédés du même genre... C'est aussi durant cette période qu'il devient un grand lecteur. Dès le milieu de l'année scolaire, il a épuisé le contenu de la grosse armoire qui, placée au fond de la classe, tient lieu de bibliothèque.

C'est à partir du collège que les souvenirs se font plus précis et que se dessine pour le jeune Roland une identité véritablement différenciée. Il a quatorze ans et fréquente le Mont-Saint-Louis. L'institution, dirigée par les Frères des Écoles chrétiennes, accueille surtout des fils de familles de la petite bourgeoisie se destinant à des carrières dans les affaires ou le commerce. Même s'ils n'offrent pas la formation donnée dans les collèges classiques, les Frères des Écoles chrétiennes sont reconnus pour être des pédagogues hors pair. Roland reçoit là une stimulation intellectuelle d'un niveau supérieur à tout ce qu'il a connu auparavant. C'est avec émerveillement qu'il découvre la bibliothèque du collège : jamais il n'a vu autant de livres à la fois, il lui semble avoir devant lui une réserve inépuisable de savoir et de plaisir. Il rencontre aussi pour la première fois des gens instruits, en qui l'adolescent qu'il est verra de véritables maîtres : le frère Robert, astronome et mathématicien de grande renommée, le frère Ménard, musicien qui joue avec aisance d'une multiplicité d'instruments, et surtout le frère Gédéon, qui enseigne le dessin et la peinture dans une salle aménagée en atelier qui impressionne fort le jeune étudiant. « *Je pensais que c'était un grand artiste, mais plus tard, j'ai réalisé qu'il peignait plutôt des chromos ! Si on revoyait nos idoles de jeunesse une fois adulte, bien souvent on se dirait qu'au fond ce n'étaient pas de vrais grands hommes... Mais c'étaient quand même des gens hors du commun, des modèles pour l'adolescent que j'étais, mon premier contact avec des gens cultivés.* »

Il poursuit sa formation au Mont-Saint-Louis jusqu'à la quatrième scientifique (aujourd'hui, l'équivalent de la fin du secondaire). Il a alors seize ans, et doit choisir la carrière qu'il embrassera. Guidé par son admiration pour ses professeurs, il décide de devenir enseignant et, comme eux, frère des Écoles chrétiennes. « *À l'époque, c'était une grande communauté, les Frères des Écoles chrétiennes. Ils avaient beaucoup d'écoles à Montréal, c'étaient d'excellents éducateurs et souvent de grands pédagogues. Faire partie de cette communauté, c'était être dans un cadre d'élite, quelque chose dont on était très fier. »*

Pendant un an, il fait son noviciat, à l'occasion duquel est donnée une formation religieuse. Il passe ensuite au scolasticat, étudiant pendant trois ans à l'École normale de Laval-des-Rapides, ce qui le conduit à l'obtention du brevet supérieur d'enseignement du Québec. L'École normale est un milieu bouillonnant où la formation professionnelle et intellectuelle est harmonieusement entremêlée avec la formation spirituelle et la croissance personnelle. Bien avant que l'expression ne soit à la mode, cette grande école est un véritable « milieu de vie ». Tout y contribue à la formation des maîtres : l'atmosphère propice à la lecture et aux échanges, la qualité de la bibliothèque et des laboratoires, les activités parascolaires. Le lever se fait à 4 h 30. *« Les grands projets se dessinent avant le lever du soleil, dira en riant Roland Arpin, mais je vous avouerai que certains matins je me serais contenté de petits projets commençant plus tard ! »*

Les cours du programme de l'École normale occupent cinq jours par semaine. Deux soirs par semaine et le dimanche avant-midi sont par ailleurs consacrés à la préparation du baccalauréat ès arts. *« Nous préparions les deux diplômes concurremment. Le baccalauréat nous était accessible en pièces détachées, matière par matière, alors que le brevet d'enseignement faisait l'objet d'examens spécifiques et d'une grande épreuve de synthèse. »*

À cela s'ajoute l'apprentissage du métier d'enseignant. Dès le jour où, jeune stagiaire, Roland Arpin met les pieds dans une classe pour y donner maladroitement son premier cours, il acquiert la conviction d'être dans son élément. Chaque mardi, pendant deux ans, il découvrira et approfondira son futur métier sous la gouverne et l'assistance de maîtres qu'il qualifie d'extraordinaires. Ce contact avec la classe, le lieu privilégié de la formation, sera pour lui la meilleure des motivations. *« Encore aujourd'hui, l'odeur de la craie (devenue rare !)*

reste chargée pour moi de souvenirs agréables. Elle me semble contenir toute cette époque de ma vie. »

Au-delà de la formation systématique, l'École normale se donne aussi pour mission d'ouvrir l'esprit de ses étudiants au monde des idées et de la pensée, à la culture scientifique, aux humanités. *« Tous les mercredis soirs, nous avions la chance de rencontrer des invités de l'extérieur. Je découvrais les grands esprits : Fernand Seguin, Guy Rocher, le frère Rolland-Germain, des scientifiques, des sociologues, des théologiens, des historiens de l'art nous faisaient peu à peu découvrir le fonds inépuisable des connaissances, mais aussi les rapports, les liens entre les connaissances. »* Roland Arpin se passionne pour la botanique. Il parcourra pendant plusieurs années les sous-bois, les tourbières et les rives des lacs en quête de plantes rares mais aussi à la recherche de la compréhension des lois qui maintiennent ce merveilleux équilibre entre les divers systèmes de la nature. *« Aujourd'hui encore, lorsque j'ai un problème complexe à résoudre, je pense parfois à la méthode que m'imposait la clef d'identification de La Flore laurentienne. Si les termes sont différents, la méthode est la même qui sert à classer les arbres et les plantes, les plantes à fleurs et les plantes sans fleur, etc. : du plus grand au plus petit, du complexe au simple, du général au particulier. C'est cela que m'a enseigné la botanique quand j'avais dix-huit ans, c'est encore cette méthode qui me servira trente-cinq ans plus tard au Conseil du trésor. »*

Lorsqu'il parle de ses professeurs de l'École normale, Roland Arpin se fait affectueux. Tout comme au collège, il rencontre des professeurs extraordinaires, mais de ceux dont la stature, contrairement aux maîtres de ses jeunes années, résistera au passage du temps. *« Ce sont les premiers grands intellectuels que j'ai connus. Je réalise aujourd'hui que les frères avaient compris bien avant tout le monde que la ressource humaine est la première des richesses. Leurs meilleurs enseignants se consacraient à la formation de leurs futurs enseignants, ils affectaient à l'École normale la crème de la crème de leur effectif. À regarder nos professeurs enseigner, on apprenait déjà notre métier; ces hommes possédaient l'art de transmettre leurs connaissances et leurs méthodes. C'est comme cela que se bâtissent les vraies institutions. »*

Cette ouverture d'esprit qui lui a tant plu à l'École normale, cet esprit critique qui trouvait à s'exercer sans contraintes autoritaires, cette créativité et cette rigueur de la pensée qui étaient encouragées sont autant de vertus que Roland Arpin souhaitera retrouver, au fil des ans, chez ceux dont il s'entourera et dont il fera ses collaborateurs immédiats. « *Depuis mon premier mandat de directeur jusqu'à aujourd'hui, j'ai toujours été convaincu que la force d'une équipe de direction reposait sur la solidarité, la loyauté et l'autonomie. Comment pourrait-il en être autrement ? C'est sur l'or gris que reposent les organisations gagnantes, il est tout à fait normal que l'équipe de direction en soit la première détentrice.* »

Vers la fin de sa dernière année à l'École normale, on l'informe qu'il sera affecté à l'école Sainte-Cunégonde, à Montréal. Il enseignera en quatrième année du primaire, la grande aventure ! Mais rien n'est laissé au hasard. C'est minutieusement, heure par heure pour la première semaine, jour par jour pour le premier mois, que sont prévues les activités d'enseignement des professeurs néophytes. « *L'enseignement, c'est bien sûr une vocation, et nous étions imprégnés de cette conviction, mais c'est aussi et beaucoup un métier. De cela aussi, on nous avait convaincus. C'est pourquoi on nous avait enseigné non seulement les grands principes de la psychologie et la didactique propre aux diverses disciplines scolaires, mais aussi, et plus modestement, comment distribuer les vestiaires, faire "prendre les rangs", organiser les jeux de la récréation, susciter une saine émulation, sanctionner en récompensant et en punissant.* » La vocation et le métier, la passion et la technique, deux pierres d'assise qui, sous l'apparente diversité des nombreux mandats professionnels de Roland Arpin, fondent toute sa carrière.

L'exposition « Électrique »,
une réflexion
en trois dimensions
sur l'électricité, a connu
un succès remarquable
lors de sa présentation
au Musée de la civilisation,
du 20 octobre 1988
au 22 octobre 1989.

Pierre Soulard

Pierre Soulard

Le pédagogue

Pour Roland Arpin, cette rentrée des classes est véritablement une entrée dans la vie adulte. Il a dix-neuf ans, neuf ans de plus que ses jeunes élèves, et il est fier et heureux de ses nouvelles fonctions. « *Enseigner dans les années cinquante, c'était très valorisant. L'enseignant faisait partie de l'élite, de ceux qui possédaient un savoir et qui le transmettaient en l'interprétant, en le rendant attrayant et désirable. On imagine mal ce qu'était le Québec à l'époque. À l'église, de jeunes tonsurés recevaient au confessionnal les confidences d'hommes et de femmes aux mains usées par le travail, à la vie riche d'une longue expérience... À l'école, des parents venaient me consulter sur l'éducation de leurs enfants, des gens simples dont j'avais pourtant tout à apprendre. À cette époque, l'école comme l'église étaient d'abord des institutions, donc des lieux de continuité et de référence. Aujourd'hui, l'école est devenue un établissement scolaire, l'institution ne s'est pas simplement laïcisée, elle s'est banalisée; l'église est devenue pour sa part un lieu de ralliement d'une chrétienté aux rangs clairsemés.* » Cette idée d'institution, de racine, de lieu de référence et de ralliement, revient régulièrement dans les propos de Roland Arpin.

Le passage des études à la vie professionnelle se fait en douceur, puisque chaque école gérée par les Frères n'accueille annuellement qu'un ou deux nouveaux enseignants fraîchement émoulus de l'École normale. On ne badine pas avec la compétence chez les Frères des Écoles chrétiennes. Dans ce milieu, la « qualité totale » porte des noms de l'époque : rigueur, constance, méthode, exigence, équité, préparation minutieuse... C'est aux anciens qu'il appartient de transmettre cette tradition. Pendant les premiers mois d'enseignement de Roland, un religieux retraité mais encore alerte lui est assigné comme tuteur. Il vient discrètement faire sa tournée dans la classe du jeune enseignant, jette un coup d'œil sur la bonne tenue générale, veille à la qualité de la langue parlée de son jeune disciple, prend même la relève occasionnellement en illustrant par la pratique les bons conseils qu'il ne ménage pas. Ainsi se perpétuent les valeurs et les méthodes de la communauté enseignante. Roland Arpin restera fortement attaché à l'idée de la transmission du savoir, et il tentera de la mettre en œuvre à chaque étape de sa carrière. Plusieurs décennies après ses premières expériences de pédagogue, c'est encore cette vision qui l'amènera à écrire un ouvrage où sont consignés la mission et le concept du Musée de la civilisation et les applications qui en sont faites[1].

Leçons d'humilité

Mais cette période est aussi celle de nouveaux apprentissages, essentiellement pratiques, où le choc avec la réalité se fait plus douloureusement qu'au sein de la bulle protectrice de l'École normale. Des leçons, dont le jeune Roland gardera un souvenir vivace, lui sont assenées sans ménagements. La première fois qu'il corrige des travaux d'élèves, il ne prend pas garde à la propreté de ses annotations. La correction terminée, les copies sont barbouillées à l'encre rouge de ratures et de notes plus ou moins lisibles. Le tuteur sera intransigeant face au jeune homme qui rougit de son inexpérience :

---

1. *Le Musée de la civilisation, concept et pratiques*, Éditions Musée de la civilisation/Multimondes, 1992, 166 pages.

« *N'oubliez jamais ceci : si vous voulez que vos élèves fassent des copies* *propres, il faut que vous fassiez vous-même des corrections propres.* » Et une fois le moment de honte passé, la leçon portera pour la vie entière : « *Quand j'annote un texte aujourd'hui, je l'annote toujours* *très proprement, je ne griffonne jamais n'importe comment.* » Il aura compris que la propreté et la discipline expriment le respect accordé aux élèves, même aux moins doués, et que ce que l'on exige des autres, il faut avant tout l'exiger de soi.

À l'époque, c'est encore le département de l'Instruction publique qui gouverne les commissions scolaires. La commission Parent n'a pas encore fait souffler les grands vents de la réforme scolaire ni mis en place ce que Roland Arpin appelle les « *machines à enseigner* ». Les programmes sont simples, ils tiennent en une brochure, et les manuels scolaires les suivent de près, comme il se doit. Les méthodes pédagogiques sont élémentaires et évoluent doucement. Quant aux conventions collectives, on en ignore même le nom. Roland Arpin se fait nostalgique lorsqu'il parle de cette époque, critiquant par contraste les méthodes actuelles. « *Que de sottises j'ai entendues sur* *cette période que des ignorants ou des gens de mauvaise foi ont qualifiée* *d'obscurantiste. Oui, chaque élève avait des manuels scolaires pour toutes* *les matières, chaque professeur disposait des guides du maître, chaque groupe* *de trente enfants jouissait d'un titulaire. Imaginez, quelle horreur ! que nous* *corrigions les travaux, faisions réciter les leçons apprises et que nous allions* *même jusqu'à émettre des bulletins qui évaluaient les connaissances acquises* *et qui comportaient des observations sur le comportement des élèves.* » Et Roland Arpin d'ajouter : « *Il y a là matière à faire pleurer d'envie bien* *des parents actuels et rasséréner le pauvre ministre de l'Éducation qui tente* *courageusement de remettre le bon sens au programme des écoles.* »

Ce cadre rigide en apparence laisse dans les faits toute latitude à la créativité. Par exemple, l'enseignement selon l'approche thématique est fortement encouragé et la documentation de soutien est disponible. Chaque semaine, un thème est choisi à partir duquel toutes les matières seront enseignées : dictées, sciences naturelles, mathématiques et arts plastiques trouvent unité et cohérence dans un thème de circonstance relié à la saison, aux cycles de la nature, aux faits historiques ou aux jeux des écoliers. Cette méthode simple et attrayante influencera profondément les conceptions de Roland Arpin concernant l'apprentissage. « *La multiplicité des expériences, des sentiments, des émotions, des disciplines est telle que pour s'y retrouver, il faut identifier un fil conducteur.* » La variété des connaissances à transmettre lui apprendra aussi la nécessité de l'organisation et de ce qu'il appelle l'esprit de travail. « *C'est à l'école primaire que j'ai d'abord commencé à administrer. En enseignant. En passant d'une heure à l'autre de l'enseignement de la grammaire à celui du catéchisme et du calcul, puis à celui du dessin et de la géographie. Sept heures par jour, plusieurs matières différentes. Sans compter la préparation de cours et la correction de travaux... Pour enseigner plusieurs matières dans la même journée et être efficace, il faut savoir s'organiser, plonger rapidement. Il ne faut pas confondre le dessin et l'histoire, ou le calcul et le catéchisme, ou penser à la géographie quand on enseigne la grammaire française[2].* »

Mais si l'enseignant est payé pour transmettre un savoir, il l'est aussi, et peut-être surtout, pour transmettre des valeurs – à l'époque, valeurs d'une société croyante et pratiquante, centrée sur le travail, la vie familiale, la morale sociale. « *Éduquer, c'est avoir des bons points de repère et les transmettre.* » Pour Roland Arpin, plusieurs de ces valeurs ont un caractère intemporel. Il impute d'ailleurs une partie de l'échec actuel des systèmes d'éducation au délaissement des valeurs au profit de la technique. « *Je ne voudrais pas faire de l'éducation l'unique bouc émissaire des problèmes sociaux très lourds que nous vivons et de ceux encore plus lourds qui se profilent à l'horizon. Il serait peu courageux cependant de me taire sur ce sujet. L'éducation est largement devenue une affaire qui se règle entre adultes avertis : bureaucrates des établissements, des ministères et des syndicats. Récemment, on a assisté à des séances interminables devant un coroner pour remédier à certains problèmes de sécurité dans le transport scolaire. Pendant ce temps, la sécurité intellectuelle des jeunes est gravement menacée sans qu'on semble s'en inquiéter vraiment.* »

---

2. *Les diplômés*, n° 345, p. 21.

« *Vous me trouverez bien pessimiste ou sévère. Mon affection à l'endroit de l'éducation me confère ce droit, mon long engagement me dédouanera peut-être auprès de ceux qui seraient choqués par mes propos. L'école souffre de deux grands virus : l'encombrement et le flottement. Faut-il expliquer ? Feuilletez ces programmes dont je parlais il y a un instant, demandez aux enseignants combien de fois par semaine des promoteurs de toutes sortes de bonnes causes se promènent dans l'école. L'encombrement c'est cela, des programmes qui permettent d'enseigner tout et de tout, des écoles qui sont des marchés publics. Pour le flottement, je vous renvoie à l'inventaire d'un sac d'écolier, vérifiez la qualité des manuels scolaires, la place que prend l'enseignement en feuilles détachées, la multiplication des cahiers d'exercice et la culture du "fill the blanks", jusqu'au bulletin scolaire informatisé et indéchiffrable !* »

Lorsqu'il parle d'éducation Roland Arpin s'anime, se passionne et s'indigne. Il soutient que la pédagogie actuelle a compliqué inutilement l'enseignement, lui faisant perdre, en même temps que sa simplicité, le sens commun qu'il souhaiterait voir chez tout professeur. « *L'éducation c'est simple, trop simple pour une société qui incite les ménagères à traiter leurs recettes de cuisine par ordinateur et qui fait croire aux étudiants qu'un programme de traitement de texte leur donnera des idées et les fera mieux écrire.* »

Après deux années à Sainte-Cunégonde, Roland Arpin enseignera pendant cinq ans en Estrie, à East-Angus, puis successivement à Longueuil et à Chomedey-de-Maisonneuve de Montréal. Lui qui a connu une enfance et une jeunesse confortables, il touche du doigt la misère au cours de ces diverses assignations dans des milieux souvent défavorisés. Fréquemment, des élèves arrivent en classe le ventre vide parce qu'il n'y a rien à manger chez eux. Le choc est grand. « *Au début je ne les croyais pas, je croyais qu'ils mentaient.* » Mais de cette incrédulité, il passe rapidement à la prise de conscience, puis à l'action. « *Le fait de travailler dans des milieux populaires m'a amené à être sensible aux injustices sociales, aux inégalités de partage de la richesse.* » Il s'engage alors dans de multiples projets d'éducation populaire, bien souvent à très petite échelle, qui sont près des gens et de leurs besoins réels. De cette expérience, il tire une autre leçon de pédagogie : il se rend compte qu'il ne sert à rien de déplorer le niveau médiocre des élèves ou de leurs parents. Le bon professeur est celui qui, prenant ses élèves là où ils se trouvent, tente de les amener plus loin. Il découvre ainsi l'importance de l'apprentissage qui, tout en reconnaissant les lacunes de l'élève, pose aussi en principe a priori son intelligence. Il découvre surtout qu'on ne saurait prétendre éduquer des jeunes sans les aimer et se faire aimer. Il a appris le métier d'enseignant, il est maintenant à l'étape de l'art d'enseigner et d'éduquer.

NOUVEAUX HORIZONS

Pendant une dizaine d'années, Roland Arpin enseigne dans les écoles publiques. Il aime ce travail, le contact direct avec les gens, le rapport de maître à l'élève, l'idée de transmettre des valeurs, un savoir et une culture qui lui semblent parmi les biens les plus précieux. Il travaille fort, croyant profondément à ce qu'il fait. « *Le soir, j'apportais des piles de corrections à faire chez moi. Je passais pour un zélé, même si à l'époque il y avait beaucoup de gens qui l'étaient. Mes élèves n'étaient pas les plus intelligents, mais je voulais qu'ils deviennent les meilleurs.* » Toute sa pensée sur la pédagogie, qui nourrit encore son action actuelle, s'enracine dans son expérience concrète d'enseignant. « *Il faut toujours se souvenir que chez les Anciens on appelait pédagogue celui qui conduisait le jeune enfant chez le maître. Il y a des adultes qui ont grandi en science et en sagesse, et qui disent à des jeunes "mets tes pas dans mes pas", avant de leur dire "maintenant marche seul". Pour moi, quand on parle d'éducation, de culture, on parle d'abord d'une idée simple, mais fondamentale : la transmission.* »

Mais nous sommes en 1966. C'est l'époque de la Révolution tranquille, révolution mal nommée sans doute, si l'on mesure tout ce qu'elle comporte de délaissement parfois radical des anciennes valeurs. Des bouleversements majeurs touchent le monde de l'éducation. Les laïcs prennent une place grandissante dans les écoles et dans les centres de décision, qu'il s'agisse des gouvernements, des commissions scolaires ou des écoles elles-mêmes. Le Québec connaît la fièvre des réformes : nationalisation de l'électricité, établissement de nouvelles structures de santé et de services sociaux, développement d'infrastructures à tous les niveaux de l'éducation, syndicalisation croissante de la main-d'œuvre, mégaprojets de barrages hydro-électriques, construction du métro de Montréal, etc. Dans un an, en 1967, le Québec découvrira à la faveur de l'Exposition universelle l'existence d'une diversité culturelle qui lui était jusque-là presque inconnue. À travers tous ces changements, l'État québécois croît à un rythme inégalé, sa fonction publique devenant l'un des employeurs importants de la province. Dans le monde entier aussi, les événements se précipitent, au point que tout l'Occident semble emporté dans un mouvement de changement rapide sans précédent. En France, on est à la veille de mai 68, de la grande époque des utopies estudiantines, tandis qu'aux États-Unis, la gauche contestataire peut enfin se faire entendre, dénonçant dans un même combat le Viêt-Nam et le puritanisme.

Les courants d'idées infiltrent tout, modifiant autant les modes d'organisation de la société que l'intimité des individus. C'est ainsi que Roland Arpin, reproduisant en quelque sorte au plan individuel les bouleversements sociaux qui l'entourent, décide de quitter la communauté des Frères; il demeurera néanmoins enseignant. Sa décision ne constitue pas un rejet de l'institution puisque encore aujourd'hui, il demeure un chrétien convaincu et pratiquant. Mais devant les changements rapides, le clergé hésite, les communautés religieuses d'enseignants et enseignantes ont un réflexe de repli d'autant plus grand que leur recrutement stagne et que le vieillissement rapide de l'effectif est prévisible. « *Il ne s'agissait pas pour moi de quitter un bateau qui prenait l'eau. Dans la vie comme dans la nature, il y a des saisons. Pour moi, c'était la fin d'une saison de ma vie où j'avais connu des moments exaltants, où j'avais vécu intensément, avec des collègues remarquables. Je devais beaucoup à ce milieu. Le temps était simplement venu de continuer mes engagements ailleurs et autrement, en dehors d'une structure devenue en partie inadéquate et paralysante pour moi. Je suis parti sans histoire, en laissant derrière moi de grands amis que je n'ai jamais reniés. »*

C'est un an plus tard qu'il rencontre Aline. Elle deviendra sa femme la même année. Elle travaille pour une compagnie aérienne, à la billetterie située au centre-ville de Montréal. Aline possède un carnet de voyages exceptionnel. Voilà plus de dix ans qu'elle parcourt le monde, découvrant la Russie, l'Amérique du Sud, l'Iran, l'Égypte, le Liban, l'Europe, l'Afrique, tissant des liens d'amitié qui dépassent les frontières. Cette expérience lui confère une ouverture d'esprit, un sens de la tolérance, un intérêt pour les personnes, leurs habitudes et leur culture qu'on trouve rarement chez nous. S'ajoute à cela une vie de famille bien particulière, très différente de celle de Roland, et qui séduit celui-ci. *« La famille de ma femme est extraordinaire. C'est le type de famille que n'importe qui aurait le désir d'avoir, même s'il aime la sienne. »* Aline a vécu son enfance entourée de sept frères et sœurs. Il y avait beaucoup d'animation dans cette maison où chacun amenait régulièrement toute une bande d'amis. La famille étendue, oncles, tantes, cousins et cousines, jouait aussi un rôle très important. Aline a hérité de cet altruisme, de cette propension à la générosité et de ce sens de la fête auxquels elle allie un sens poussé de l'organisation. *« Cette ouverture à l'autre, cette générosité acquise au fil des ans rendent tout projet facile et possible avec Aline. »* Roland, qui n'avait eu ni le temps ni les moyens de développer le goût du voyage, en devient vite un adepte inconditionnel. Les bénéfices de voyage qu'Aline avait acquis au fil des ans s'appliquent maintenant au couple. Après le voyage de noces au Brésil, ils repartent à chaque occasion : ils visitent le Portugal, l'Espagne, la France, la Côte-d'Ivoire, la Tanzanie, l'Ouganda, puis l'Iran, la Thaïlande, Hong-Kong, Singapour, et plus tard le Japon et Taïwan. Prendre les bouchées doubles, connaître, comparer pour comprendre, telles paraissent être les préoccupations de Roland Arpin à cette époque trépidante dont il parle avec enthousiasme : « *Oui, oui je voulais tout voir, tout savoir, tout comprendre de ces mondes de contrastes et de ressemblances. J'aurais voulu pouvoir dire, comme Térence, "rien de ce qui est humain ne m'est étranger".* »

Tous deux dans la trentaine, les nouveaux mariés jouissent ensemble de leur maturité. Leurs trajectoires de vie ne sont différentes qu'en apparence; en fait, leurs expériences et leurs engagements se révèlent étroitement convergents. L'un et l'autre se sont forgé une culture personnelle par l'engagement social et le soutien d'actions communautaires; l'un et l'autre ont des racines familiales et religieuses auxquelles ils tiennent; l'un et l'autre sont ouverts à toute aventure qui les amènera à se dépasser, à partager leur bonheur avec d'autres.

Ils aiment les enfants, ayant tous deux pratiqué à divers moments l'art d'éduquer les jeunes, et se sentent prêts à fonder une famille. L'avenir tarde un peu à se préciser sous cet aspect, mais le couple fait confiance à la vie. « *Des enfants en manque d'amour,* dit Roland à Aline, *c'est la chose la moins rare au monde. On n'a qu'à rester ouverts, disponibles, et accueillants...* » Il ne croit pas si bien dire : l'avenir est sur le point de lui donner raison.

UN VOYAGE QUI MÈNE LOIN

Sa licence en lettres terminée, Roland Arpin envisage de poursuivre une carrière universitaire puisqu'il trouve déjà beaucoup d'intérêt dans les cours qu'il donne à la faculté. Son intérêt pour la linguistique lui suggère de préparer une thèse de doctorat qui établirait une comparaison entre l'évolution linguistique de l'Île Maurice et celle du Québec – une idée qui lui est venue en écoutant Aline décrire ce petit pays qu'elle a déjà visité.

C'est ainsi qu'ils se retrouvent tous deux à l'Île Maurice afin de vérifier la possibilité d'y effectuer une étude sur le terrain. L'Île Maurice est un véritable « melting-pot » racial et culturel, ce qui en fait un objet d'étude particulièrement intéressant pour la linguistique. Située dans l'océan Indien, tout près de la côte est africaine, elle est peuplée de multiples groupes ethniques amenés par les vagues successives de la colonisation portugaise, hollandaise, française et britannique. Aujourd'hui, les communautés principales sont d'origine hindoue, musulmane, chinoise et créole. Les langues officielles sont l'anglais et le français, mais c'est surtout le créole que parlent les habitants entre eux. L'activité principale des insulaires est la culture de la canne à sucre, malheureusement devenue nettement moins rentable ces dernières années en raison de l'effondrement des cours. L'île souffre aussi d'une surpopulation qui accentue les problèmes de chômage.

C'est à Port-Louis, la capitale de l'île, que résident Roland et Aline. Ils sont installés sur la rue Saint-Denis, chez une famille de la communauté chinoise qui leur a été recommandée par le père Soucy, un prêtre québécois œuvrant sur place. La famille est pauvre. La mère élève seule ses cinq enfants, dont certains sont presque adultes et tentent tant bien que mal de subvenir à leurs besoins. Bien que la maison soit toute petite, le couple est reçu avec tous les honneurs : l'une des deux chambres de la maison, la plus confortable, lui est offerte, tandis que la famille s'installe dans la petite salle commune pour y dormir.

Un soir, Roland fait quelques pas dans la ville en compagnie de Ginette, l'aînée des enfants. Elle a déjà dix-huit ans et rêve d'un avenir meilleur. Elle lui parle de ses projets, de son désir encore vague de quitter l'île et d'entrer dans un monde plus moderne, plus riche, où il lui semble qu'elle pourra enfin être elle-même. Mais ce ne sont que des châteaux en Espagne pour cette jeune fille... Roland l'écoute amicalement, agréablement surpris de sa vivacité et de son intelligence, trouvant qu'elle parle bien, mais aussi attristé du destin un peu fermé qui l'attend sans doute. Dans son esprit, une idée s'impose sans qu'il ait eu conscience d'y avoir pensé, une idée folle mais belle... Plus tard dans la soirée, il en parle à Aline.

Que penserait-elle de faire venir la jeune fille au Québec, de lui donner cette chance de s'épanouir qu'elle n'aura probablement jamais ici ? Les heures passent, et la soirée, et la nuit, et le couple parle toujours... Peu à peu s'impose le fait que le meilleur moyen de réaliser ce projet serait d'adopter Ginette, de laquelle ils deviendraient alors les parents. Ils dorment peu cette nuit-là, projetés dans l'avenir, sans se douter cependant des obstacles qui restent à surmonter avant que le rêve ne devienne réalité. Le lendemain, ils prennent à part Liliane, la mère de Ginette, et lui exposent leur projet. C'est chose difficile à imaginer dans nos mentalités occidentales que cette facilité, qui du reste n'est qu'apparente, avec laquelle des parents permettent à leurs enfants d'immigrer dans de lointains pays du riche hémisphère Nord. Mais pour Liliane, la chose va de soi : le bonheur de sa fille passe avant son attachement pour elle. « *Si Ginette est plus heureuse, dit-elle, je serai également plus heureuse.* » Qui dit mieux ? Elle fait intuitivement confiance à ses visiteurs, bien qu'elle ne les   connaisse que depuis quelques jours. Le père Soucy, informé du projet, l'endosse avec son enthousiasme de solide Gaspésien ouvert à la vie et à l'aventure; puis c'est Ginette, à laquelle on avait évité de tout révéler trop rapidement, que l'on met au courant lorsqu'elle revient de son travail à la banque. Elle accepte immédiatement, pleine de gratitude mais retenant encore sa joie de crainte d'être déçue. La chose prendra sûrement quelques semaines, le temps de régler les formalités d'usage.

Roland et Aline doivent continuer leur voyage vers le continent africain. Ils laissent de l'argent, une valise et des vêtements. En route pour l'Afrique, ils repensent à une phrase que Liliane a prononcée : « *Si jamais vous faites venir un autre des enfants chez vous, ce pourrait être Jacques. Ici, il n'a pas d'avenir...* » Âgé de quatorze ans, c'est le seul garçon de la famille. Dans cette culture où les hommes bénéficient d'un statut privilégié par rapport à celui des femmes, il va de soi que l'avenir de Jacques revêt pour sa mère plus d'importance que celui de ses filles. Et au fil d'une conversation sereine mais de plus en plus passionnée, dans l'avion reliant l'Île Maurice à la Tanzanie, la famille Arpin s'élargit d'un autre membre potentiel. Au cours de leur séjour en Afrique, Roland et Aline feront part à des amis missionnaires du projet qui les emballe. Sans les décourager, ces derniers les mettent en garde contre un trop grand enthousiasme; ils craignent qu'ils ne s'engagent de façon définitive sans y avoir assez réfléchi. Le couple mesure tout à coup le choc que leur nouvel engagement provoque autour d'eux. Qu'à cela ne tienne, se disent-ils, une merveilleuse aventure s'offre à nous. Quel risque courons-nous à partager notre bonheur ?

Mais s'ils ont surévalué les difficultés familiales et sociales, ils ont sous-évalué la course d'obstacles bureaucratiques qu'ils auront à parcourir. « *Un roman. Si nous avions vu d'avance ce que représentait l'adoption des enfants en démarches, requêtes, frais juridiques, délais, espoirs et déceptions, je crois que nous aurions croulé sous le poids !* » Mais on ne fait pas reculer aussi facilement le rêve.

C'est pendant la période des fêtes que le couple se retrouve à nouveau à l'Île Maurice. Et le 23 décembre, toute la magistrature mauricienne se réunit pour sanctionner l'adoption de Ginette et Jacques par Roland et Aline Arpin. Le lendemain soir, c'est le premier Noël en famille. Après la messe, on célèbre par un réveillon où l'atmosphère est à la fête. Tard dans la nuit, quand sont achevées les libations et que le silence s'étend peu à peu sur la maison, Roland et Aline se mettent au lit et repassent doucement les événements à voix basse. Et là encore, l'idée folle, qui n'est que la suite logique du rêve, germe de leur conversation. Ginette, se disent-ils, est presque adulte, et sa présence ne sera ni un fardeau ni même une responsabilité trop engageante; elle sera une compagne, qu'ils auront plaisir à voir s'épanouir. Jacques est plus jeune, il n'a que quatorze ans, mais il est vif et entreprenant et se débrouillera sûrement sans difficultés importantes dans son nouveau milieu. Mais parmi les trois filles qui restent, il y en a une, Jacqueline, qui se fait discrète, effacée même. Ils s'interrogent... Élargir un peu plus la famille, serait-ce si compliqué ? Et lorsqu'on a de la place pour quatre, dira Aline en se rappelant sa propre famille, on en a bien pour cinq, non ? Et en ce cas, pourquoi ne pas faire venir Jacqueline ? Le lendemain, nouveau branle-bas de combat : la famille, puis le père Soucy, sont consultés. Atmosphère de folie, mais de merveilleuse folie... Et le 28 décembre au matin, le scénario recommence : réunion de la cour, déclarations solennelles, paiement des sommes appropriées aux magistrats, un peu estomaqués, il faut bien le dire, mais faisant confiance au père Soucy qui se porte garant des deux Québécois pour le moins fantaisistes et entreprenants ! « *Tout le monde braillait* », se rappelle Roland Arpin en souriant.

Mais rien n'est finalisé encore : il faut bien faire entrer ces enfants au Canada. « *Vous imaginez le tête du fonctionnaire qui nous avait suggéré d'adopter les enfants à l'Île Maurice où tout était plus simple, disait-il, lorsque le 7 janvier Aline et moi nous sommes présentés aux bureaux de l'Immigration du Canada pour leur dire que nous étions allés sur place pour clore les procédures et que de surcroît nous ne présentions plus une requête pour immigration de deux mais bien de trois enfants.* » C'est neuf mois encore qu'il faudra pour réaliser le rêve – comme quoi les bureaucrates ne se sentaient sans doute pas autorisés à modifier le rythme séculaire de l'enfantement. Mais comme les meilleurs contes de fées, l'histoire finit bien : en accueillant leurs trois enfants à l'aéroport de Londres en juin 1969, Aline et Roland entraient dans le club des heureux parents. À preuve, ils sont maintenant cinq fois grands-parents.

C'est là un épisode bien intime sans doute dans la vie d'un homme dont les plus grandes réalisations semblent se situer dans la sphère publique. Mais il montre un trait déterminant du caractère de Roland Arpin, où sont dépassées les distinctions entre le privé et le public et où s'exprime l'unité de pensée et d'action chez cet homme mû par le désir de consacrer toute son énergie à la réalisation d'un idéal, d'un rêve généreux et un peu fou.

Le Cégep de Maisonneuve

Entre-temps, les projets de Roland ont changé. L'effervescence créée par la mise en place des nouveaux cégeps amène un besoin pressant de main-d'œuvre. Cela l'incite à accepter un poste de professeur de littérature au Collège Sainte-Croix, qui deviendra quelques mois plus tard le Cégep de Maisonneuve. Ce choix ne lui pèse pas, bien au contraire. Enseigner dans un collège au Québec à la fin des années soixante, c'est être au cœur même d'une société qui se fait, qui se pense à neuf jour après jour.

Il entre en fonction en 1966. C'est la première fois qu'on lui donne un bureau bien à lui. C'est une petite pièce froide et nue que très vite, sensible au milieu ambiant et soucieux de l'harmonie de son lieu de travail, il va peupler d'un embryon de bibliothèque, décorer de quelques reproductions. Il fait confectionner de jolis rideaux par une couturière, et se rend au collège l'un des premiers samedis de l'année scolaire pour les installer. Image à la fois riche et comique : Roland Arpin, juché sur son bureau, accrochant, tels des drapeaux que l'on plante, ses rideaux aux fenêtres jusque-là anonymes.

« Il y a des gens qui, prenant un nouvel emploi, entrent dans le bureau qu'on leur donne, allument la lampe, mettent leurs dossiers dans les tiroirs, et commencent à travailler. Trois ans après, le bureau est encore pareil, juste un peu plus encombré, peut-être... Ils sont capables de travailler dans un univers qui n'est pas le leur. Pour ma part, je ne peux pas imaginer travailler dans un univers qui ne serait pas le mien. Créer une ambiance personnalisée, ça fait partie des choses qui pour moi vont de soi. Habitude, habit, habitat, tous ces mots n'ont-ils pas la même filiation ? »

Très rapidement, il s'engage dans son milieu. Il participe à l'action syndicale et est en particulier membre d'un groupe-conseil de professeurs qui travaille à la création d'un cégep dans l'Est de Montréal. Bientôt, il est élu président du syndicat des professeurs. Cela l'amène à siéger à titre de représentant au tout nouveau conseil d'administration du Collège.

Il lui sera bien utile de voir ainsi les deux côtés de la médaille, de comprendre de l'intérieur les rouages de l'administration, puisque sa carrière d'enseignant sera brève et qu'en 1968, après un an et demi à l'emploi du Collège devenu alors cégep, il se verra offrir le poste de secrétaire général et directeur du personnel. Il devient alors, à trente-quatre ans, ce qu'il n'a cessé d'être depuis : un administrateur. « *Je ne me suis pas posé de questions angoissantes. Je me disais que si ça ne me plaisait pas, je retournerais à l'enseignement. Mais j'ai aimé l'administration et la gestion du personnel, ça a marché tout de suite. Ce goût me vient probablement de mon milieu, il y a dans ma famille une longue tradition de gestionnaires, de gens qui savent administrer.* »

Si cette nomination constitue pour Roland Arpin un virage vers l'administration, c'est malgré tout un virage en douceur. À cette époque en effet, la gestion des ressources humaines, encore loin de la technique qu'elle tend à devenir aujourd'hui, demeure pour l'essentiel une tâche de généraliste faisant appel au bon jugement. Le directeur du personnel n'en occupe pas moins une position clé. Il participe au recrutement des candidats pour les nombreux postes à pourvoir dans ce collège en pleine expansion, contribuant ainsi fortement à modeler la face de l'institution. Il consacre aussi beaucoup de temps sur le terrain à tenter de régler les problèmes souvent bien personnels des employés. Son rôle le fait donc passer continuellement du général au particulier, de l'institution à l'individu. En tant que secrétaire général du Cégep, Roland Arpin a aussi plus d'une occasion de faire preuve de son esprit de synthèse et d'organisation, participant aux décisions d'orientation générale, écrivant beaucoup, qu'il s'agisse de projets de politiques ou de mise en forme des consensus dégagés par les administrateurs.

« *Malgré l'urgence de combler les nombreux postes vacants de professeurs, nous avions adopté des standards de qualité élevés pour le choix des enseignants. Les qualifications universitaires étaient très valorisées et l'institution s'en est trouvée avantagée au fil des ans. Dans le secteur* technique, tout était à faire, car le Cégep était issu d'un collège classique. *Nous avons alors tablé sur le recrutement de directeurs de département de grande compétence. Là aussi, le critère s'est avéré fort rentable au fil des années. Finalement, pour toute organisation, tout se joue au moment du recrutement du personnel.* » Plus de vingt ans plus tard, les mêmes principes guideront Roland Arpin lorsqu'il prendra en charge le Musée de la civilisation : il sera en particulier toujours soucieux de constituer une main-d'œuvre compétente et diversifiée.

Le Cégep de Maisonneuve est issu d'un collège privé de petite taille peu bureaucratisé et dirigé de façon familiale. Des changements s'imposent donc dans sa gestion, qui doit être adaptée au statut maintenant public de l'institution et qui doit rapidement être modernisée pour faire face à l'afflux des nouvelles clientèles. La rédaction des règlements de la nouvelle corporation publique, l'élaboration des règles de gestion du personnel, les relations publiques et les communications, sans compter les négociations collectives de travail, dans un contexte plutôt difficile et turbulent, occuperont le nouveau secrétaire général. « *Dès mes premiers jours de responsabilités, j'ai consacré beaucoup d'efforts à la mise en place des services et du cadre d'organisation de l'information. Étudiants, professeurs et administrateurs se devaient de disposer de moyens de communication, en particulier de journaux ou de bulletins leur permettant de faire valoir leur point de vue. Maisonneuve a connu, à cette époque, les durs conflits du cégep adolescent, mais des règles du jeu claires et connues de tous ont rendu tolérable, profitable même, une étape qui aurait pu laminer le collège à tout jamais. Si Maisonneuve est reconnu aujourd'hui comme un des meilleurs collèges du réseau, c'est sans doute en bonne partie parce que dans les années 68, les éducateurs et l'administration ont développé des rapports humains et professionnels fondés sur la vérité et le courage. En témoigne le fait que Benoit Lauzière et Pierre Leduc qui m'ont succédé appartenaient alors à l'équipe de direction.* » Préparer la relève sera d'ailleurs une préoccupation constante pour Roland Arpin tout au long de sa carrière.

Ce passage vers l'administration trouve son point culminant lorsque l'année suivante, au cours de l'automne 1969, Roland Arpin devient directeur général de l'institution. Il a alors trente-cinq ans, ce qui en fait un des plus jeunes directeurs de cégep de la province. Cette promotion est en quelque sorte un cadeau empoisonné, bien qu'il l'accepte en le sachant tel. Le Cégep de Maisonneuve vit intensément, trop intensément certains jours, sa crise de croissance. L'institution privée sage et bien réglée se transforme avec quelques sursauts en institution publique largement accessible, expérimentant le « melting pot » qu'exprime son nouveau titre de cégep (collège d'enseignement général et professionnel). Le résultat est que quelques jours après son entrée en fonction, le nouveau directeur général trouve les locaux occupés par quelques centaines d'étudiants et une poignée de professeurs. Ses talents de négociateur et de pédagogue ne suffisent pas à apaiser la situation.

Les motifs invoqués par les occupants pour paralyser le Cégep sont tellement globaux que leur solution est complètement hors des compétences et du pouvoir des administrateurs locaux. Mélange de malaise social et de grand jeu adolescent, la crise est reliée au mouvement de contestation beaucoup plus général que mènent les jeunes. Roland Arpin est bien conscient que l'impasse ne peut être dénouée par quelques compromis honorables. Après mûre réflexion, il décide de faire vider la place par l'escouade spéciale de la police de Montréal. Il met la clef sur la porte en exigeant de tous les étudiants qu'ils se réinscrivent en bonne et due forme, et il congédie la poignée de professeurs qui avaient occupé les lieux avec les étudiants. « *J'ai été marqué par ces épisodes. Je réalisais la gravité et la sévérité du geste que je posais à l'endroit de récents collègues enseignants, dont plusieurs étaient mes amis. Les principes qui me guidaient alors m'ont servi de point de repère durant toutes mes années d'administrateur même si, au fil des ans, j'ai développé une plus grande tolérance. Pour moi, certains principes étaient intouchables : une institution publique est au service de ses clientèles particulières, elle appartient à tous les citoyens, aucun groupe ne saurait s'en emparer, la prendre en otage sous prétexte qu'ils ont une revendication quelconque à faire. Si des injustices sont commises par l'institution, les victimes disposent de moyens démocratiques pour faire valoir leurs droits. Si de grandes causes sociales méritent d'être défendues, elles ne sauraient l'être sur le dos d'otages. Je croyais et je crois toujours qu'une maison d'éducation est un lieu où l'on ne saurait contredire et renier l'enseignement qu'on y donne. Spolier 3000 jeunes de leurs cours, priver 300 enseignants de leur obligation d'enseigner et empêcher les administrateurs de vaquer à leur tâche est un geste grave, très grave, un geste violent qui commandait malheureusement l'usage de la force. Des adultes éducateurs ne doivent pas profiter du fait que les adolescents sont dépendants et influençables pour leur apprendre la voie de la révolte. Si l'école ne saurait enseigner le grotesque et le vulgaire dans le domaine de l'esthétique, elle saurait encore moins pratiquer une éthique étriquée qui transforme un collège en laboratoire social. Je crois que les gestes que j'ai posés, en accord avec des collègues qui sont encore en place, ont servi non pas quelque pouvoir personnel, mais l'institution publique dont j'avais la responsabilité. »*

Le sens de l'institution de Roland Arpin trouve aussi à se manifester dans des contextes qui, pour être moins tendus, n'en sont pas moins significatifs. À la première réunion du conseil d'administration à laquelle il participe, une proposition est soumise suggérant que soit enlevé du hall d'entrée le buste du fondateur du Collège, le père Morin. Roland Arpin se range du côté de ceux qui s'élèvent contre cette idée, plaidant pour le maintien de la tradition : « *On ne peut pas décider de supprimer la mémoire du Collège, on ne saurait gommer l'histoire dans une maison d'éducation* », dit-il. « *Ça a beau être quelqu'un que personne d'entre nous n'a connu, pensons-y avant de faire une chose pareille. On peut déplacer le buste, le mettre dans la bibliothèque...* » Les autres membres du conseil, tout en taquinant Roland Arpin sur sa pensée traditionaliste, appuient finalement sa position. Le buste du père Morin trône encore aujourd'hui dans la bibliothèque du collège, rappelant qu'à l'origine des institutions se trouve toujours un fondateur, qui est souvent un visionnaire. « *Je ne pense pas être un homme dont on peut dire qu'il est accroché à la tradition. J'ai plutôt une image de novateur, de développeur, et je crois que c'est une image qui est juste. Mais pour moi, on ne construit ni les pays ni leurs institutions par des gestes de rupture, on les construit à travers la continuité, en assurant une patiente sédimentation qui s'appelle la culture et, ultimement, la civilisation. J'ai toujours défendu les traditions, la durée des institutions, tout ce qui touche aux racines parce que j'ai observé que la barbarie n'est jamais aussi loin qu'on le pense ! »*

Roland Arpin sera directeur général du Cégep de Maisonneuve pendant cinq ans, période pour lui extrêmement prenante, mais aussi exaltante. Il préside aux destinées d'une organisation en pleine expansion, sous tous ses aspects : aménagement physique, développement des enseignants, embauche du personnel et en particulier des professeurs qui sont rares et dont le nombre croît à un rythme rapide, trop rapide pour assurer des choix à toute épreuve. C'est pour lui une époque passionnante, au cours de laquelle l'enthousiasme et l'engagement professionnel n'excluent pas certaines carences normales chez des administrateurs qui se forment sur le tas. Faisant face à des problèmes toujours nouveaux et inattendus, il prend vite conscience de ces lacunes, et tente d'y remédier : « *Je me plongeais dans d'austères bouquins de management ou dans les ouvrages sur la gestion à la mode à l'époque. Je me mettais au décryptage des budgets et à l'apprentissage de la langue de bois du contrôleur aux finances et du directeur de l'informatique. Mais je refusais de m'inféoder à une technique, à une école et à ses gourous. J'ai eu à définir peu à peu mon style de gestion, à forger ma pensée, à indiquer une direction à mon équipe de directeurs. »*

Le jeune directeur général du Cégep de Maisonneuve est aussi appelé à développer le style de leadership qui lui est propre. « *J'ai vite été convaincu qu'un collège repose d'abord et avant tout sur la matière grise de son personnel, qu'il serait futile et inutile de vouloir dominer un tel milieu par le haut. J'ai réalisé qu'il fallait centrer l'institution sur sa clientèle, sur les jeunes à former et sur son produit : un enseignement de qualité.* » Cela n'est pas aussi simple à faire qu'à dire dans ce milieu où les lignes directrices et les orientations font l'objet de discussions et de remises en question interminables. Mais

En plus de présenter des activités dans ses auditoriums ou dans sa cour intérieure, le Musée gère un volet d'animation culturelle, hors de ses murs, comme celle-ci qui met en valeur Place-Royale (été 1991).

En mai 1992, le Musée a invité sa jeune clientèle à découvrir « Un musée la nuit ». Une nuit pleine de mystères dans l'atelier éducatif. Un château pour sherloupe greffé à l'exposition Mi-vrai, mi-faux. Les jeunes s'en souviendront longtemps !

les documents d'époque témoignent que la démarche a été menée avec un succès certain et qu'elle a imprimé au Cégep de Maisonneuve une certaine manière de faire, un goût pour la qualité et le travail bien fait qui font partie de son jeune patrimoine institutionnel.

Les cégeps sont regroupés dans une fédération professionnelle, forum où les directeurs généraux peuvent discuter de leurs problèmes et de divers projets. Roland Arpin y participe activement, mettant souvent la main à la plume et ne manquant aucune des grandes discussions. Élu président, il laissera le souvenir d'un homme actif, engagé et prenant de nombreuses initiatives. Ce sera sa première expérience importante de rapports avec les hauts fonctionnaires responsables de l'enseignement collégial au ministère de l'Éducation du Québec. Ce sera aussi son initiation à la connaissance des régions et de leurs institutions scolaires. « *Sauf mes quelques années d'enseignement en Estrie, ma connaissance du Québec se réduisait à bien peu de choses jusque-là. Comme président de la Fédération des cégeps, j'ai découvert ce Québec profond dont j'ignorais tout. Ce fut un choc pour moi à maints égards. Le partage inégal de la richesse me frappait d'emblée, mais plus encore la vitalité et la détermination des leaders engagés et enracinés dans leur région. Pour la première fois, je comprenais que le pays du Québec ne pouvait survivre et s'épanouir que par le développement de puissants réseaux : réseaux d'éducation, de services de santé et de services sociaux, réseau hydro-électrique, réseau routier.* » Plusieurs années plus tard, Roland Arpin se souviendra de tout cela lorsqu'il participera en tant que fonctionnaire au développement de l'éducation aux adultes, de la formation professionnelle, du réseau des bibliothèques scolaires puis municipales, des musées régionaux et finalement de la déconcentration des services administratifs gouvernementaux vers les régions du Québec. Rimouski, Chicoutimi, Rouyn, Sherbrooke seront peu à peu devenus des pôles de développement de ce Québec pour lequel Roland Arpin rêvait et rêve toujours bien grand.

Durant la même période se multiplient les missions en France, au cours desquelles sont conclus des accords de jumelage interinstitutionnel. Pour Roland Arpin, c'est une première expérience de coopération et d'action internationale. Il y trouve immédiatement de l'intérêt. « *Se comparer, se mesurer avec d'autres, évaluer le chemin parcouru et celui qui reste à parcourir, sans complaisance, sans complexe non plus... La France m'apportait la lumière de sa longue tradition pédagogique et culturelle, mais je la découvrais également drapée dans ses certitudes, balisée, quadrillée, enfermée dans ses filières et ses corporatismes rigides. J'étais heureux de me retrouver chez moi après chaque mission par ailleurs stimulante et enrichissante.* »

Un regard sur l'éducation

De ses jeunes années comme professeur à l'école primaire jusqu'à la période où il occupe un poste d'administrateur de cégep, Roland Arpin développe peu à peu une pensée précise sur l'éducation et l'apprentissage. Cette pensée, il continue de l'approfondir encore aujourd'hui dans ses fonctions de directeur de musée, où il se perçoit avant tout comme un pédagogue. Il vaut donc la peine d'écouter le professeur pour mieux comprendre l'administrateur.

« *Le sens des mots a toujours été important dans ma réflexion. Le mot éduquer, par exemple, signifie conduire. Aujourd'hui on fusionne à juste titre les fonctions d'éducateur et de pédagogue et on parle de "professeur". L'éducateur doit conduire le jeune quelque part. Il y a pédagogie et éducation lorsqu'on apprend au jeune le sens des grandes valeurs de solidarité et de fraternité, qu'on lui fait découvrir ce qui se trouve au-delà des apparences, qu'on l'initie aux diverses formes de la vie de l'esprit, qu'on l'amène à se questionner sur les valeurs spirituelles. Ce sont là des idées simples, mais on dirait que le sens commun est devenu une monnaie bien rare en éducation au cours des dernières années. L'école, je l'ai déjà souligné, est devenue un champ de bataille occupé par les adultes qui y défendent leurs intérêts propres. Il me semble que quelques grands objectifs devraient mobiliser tous ceux qui prétendent travailler au bien des jeunes : recentrer l'école sur l'élève; hausser le taux de diplômation; redonner aux enseignants toute la place qui leur* revient; oxygéner l'administration en décentralisant les responsabilités; valoriser les différences et en faire le moteur de la créativité; engager les divers partenaires dans une action intégrée. J'ai un peu l'impression que ces idées simples font leur chemin actuellement et que se pointe une période qui permettra à l'école d'être ce qu'elle n'aurait jamais dû cesser d'être : un lieu de concentration, un lieu de transmission de la culture et des valeurs, un lieu d'explication et un lieu de préparation aux grands défis. »

Continuant sur sa lancée, Roland Arpin insiste sur la nécessité pour l'école et les maîtres d'établir des standards de réussite élevés : « La démarche de formation, de quelque formation qu'il s'agisse, mais à plus forte raison de la formation humaniste, consiste à transformer des connaissances inertes — éléments objectifs des sciences, informations contenues dans les livres, données stockées dans les ordinateurs, connaissances transmises par d'autres personnes — en savoirs assimilés, qui deviennent des éléments constitutifs de la personne elle-même. Pour y arriver, deux conditions s'imposent : du côté de l'étudiant, l'exercice; du côté de l'éducateur, l'exigence. Sans cela, il n'y a pas de formation intellectuelle possible. »

Et l'ancien professeur qui a débattu de ces questions mille fois ne résiste pas au plaisir de revenir une fois de plus sur la nécessité de bien choisir les contenus d'enseignement, surtout pour les premières années d'école : « Ce qui est essentiel pour les jeunes enfants, c'est de pouvoir communiquer entre eux et avec le monde par divers langages : la parole, les mots, la gestuelle, mais aussi la mathématique, la musique, les formes et les couleurs... Les enfants doivent pouvoir se situer dans le vaste monde, et la géographie répond à ce besoin; mais ils doivent aussi pouvoir se situer dans le temps, et c'est pourquoi l'histoire est si importante. Enfin, les jeunes doivent savoir que l'existence est jalonnée non seulement par les misères et les joies du quotidien, mais aussi gouvernée par une ligne verticale qui ouvre aux grandes questions, aux grands enjeux. S'ajoutent à cela l'initiation à la méthode, à la réflexion, au raisonnement et, finalement, la connaissance plus approfondie de son corps où l'élève doit comprendre qu'il est plus qu'une machine qu'on exploite en la faisant tourner. Voilà le fondement de l'humanisme, un humanisme qui doit transcender les modes et servir d'étoile polaire aux éducateurs et aux écoles. »

Refusant de se perdre dans les questions administratives et dans les aspects techniques des programmes d'enseignement, dont il dit sévèrement qu'ils ont souvent asservi les enseignants et les enseignantes au lieu de les servir, Roland Arpin pousse plus profondément sa réflexion sur les valeurs que doit privilégier le milieu d'éducation : « *Les jeunes qui fréquentent l'école n'ont pas que des droits, ils ont des devoirs, notamment celui d'être perméables et disponibles d'esprit à l'endroit de leurs maîtres. L'école, pour sa part, a également d'importants devoirs : elle doit offrir un corpus d'études qui soit substantiel, permettre une communication de grande qualité, exprimer une exigence de rendement et offrir un ensemble institutionnel stimulant pour les jeunes et les éducateurs.* » Pour Roland Arpin, certaines évidences s'imposent. « *Vient un moment dans la vie où s'installent des certitudes. C'est à la fois le plaisir que confère la maturité et sans doute le signe qu'une certaine audace de l'esprit s'atténue... L'une de mes convictions, c'est que les mots "éducation" et "liberté" sont indissociables : pour l'institution, liberté d'affirmer certains grands choix et certaines grandes valeurs; pour le professeur, liberté de s'exprimer devant ses étudiants, de transmettre de l'information et des connaissances mais aussi d'exprimer des opinions et de conférer un sens à ses enseignements. On n'insistera jamais assez : liberté et éducation forment un couple particulièrement important lorsqu'on parle de formation et de développement des jeunes. Ces derniers sont conviés à développer un esprit libre, c'est-à-dire autonome, accueillant, enraciné et créatif. La vraie liberté, c'est l'enfant de la connaissance.* »

Lorsqu'il traite de la formation fondamentale et du rôle de l'enseignement, Roland Arpin emprunte un langage imagé où transparaît le pédagogue soucieux de bien se faire comprendre : « *L'un des rôles essentiels de l'enseignement est la transmission de valeurs lubrifiantes. J'entends par là l'expérience, la connaissance et la réflexion des adultes enseignants et enseignantes. À ces valeurs lubrifiantes s'ajoutent des valeurs structurantes. Celles-ci ne sauraient se présenter en désordre, elles sont le fondement de l'humanisme, elles doivent être identifiées, énoncées clairement et faire l'objet d'une démarche obligée de la part de l'école et des jeunes qui la fréquentent.* » Les réflexions de Roland Arpin, à ce stade, ne concernent plus seulement l'éducation; elles touchent à l'enracinement dans la tradition, à l'organisation de la pensée, au plaisir d'apprendre, bref à une certaine conception de l'être humain. Mais n'est-ce pas là que doit mener, en dernière instance, toute pensée sur la formation et l'apprentissage ?

Roland Arpin reconnaît l'effort colossal qu'a fait le Québec pour se doter d'un système d'éducation moderne et enviable à plus d'un égard. Mais il n'en est pas moins critique, sévère même : « *Au terme de trente ans d'effort et de lourds investissements, nous nous retrouvons devant une école peu crédible, une école qui, du primaire à l'universitaire, se contente trop souvent d'une démarche intellectuelle teintée d'approximatif. La langue, la preuve et le raisonnement, la démarche méthodologique dans les travaux scolaires, tout souffre de cette carence. Couper sans cesse les coins ronds sur le plan intellectuel, c'est finalement couper les coins ronds sur le plan moral. De plus, l'école et les professeurs ont été pris en otage par les techniciens. Docimologues, syndicalistes, gestionnaires ou planificateurs ont trop souvent pris des décisions aux conséquences graves sur l'action des pédagogues travaillant sur le terrain. On connaît la corrida des révisions de programmes scolaires, de méthodes, de manuels...* »

On voit ressurgir Roland Arpin l'humaniste. On pourrait même aller jusqu'à dire qu'il se révèle ici un homme de droite, même s'il récuserait sans doute cette dénomination au profit d'un appel au « sens commun », aux « valeurs sûres ». « *Le seul lieu véritablement déterminant en éducation après la famille, c'est la classe. C'est là que s'opère la lente mutation qui fait passer le jeune de l'obscurité à la lumière, de l'ignorance à la connaissance. Cette démarche passe par la compétence de l'enseignant mais aussi par son ouverture, sa générosité et, n'ayons pas peur de le dire, son amour des jeunes et de son métier. Le pédagogue transmet des connaissances, l'éducateur transmet des valeurs. La clarté, la concision, la précision dans les idées et la langue, la justesse de l'analyse, la rigueur de la synthèse, la probité intellectuelle, voilà autant de valeurs qui doivent être transmises à l'école, autant de richesses qu'aucun ordinateur ne pourra jamais transmettre à la place d'un enseignant.* » De là à affirmer que les jeunes doivent bénéficier d'évaluations des connaissances et des habiletés acquises, il n'y a qu'un pas. « *Je ne cesse d'être étonné par les débats théoriques qui entourent l'évaluation. Qu'on se questionne sur le "comment", passe encore, mais sur le "pourquoi", voilà qui me chavire !* » Pour Roland Arpin l'éducateur, pratiquer l'évaluation à l'école n'est pas qu'une simple responsabilité, c'est aussi une question de justice envers les jeunes. « *Au terme d'une année scolaire ou d'un cycle, quoi de plus normal que de savoir clairement si on a appris quelque chose, si on a appris autant que les étudiants des autres groupes, des autres écoles, des autres pays, s'il est possible de le vérifier.* »

Certaines expressions reviennent dans sa conversation : l'esprit de méthode, le cumul des connaissances exactes, la gymnastique de l'intelligence, les muscles du cerveau... « *Il n'y a pas une société qui peut se priver de développer ses jeunes. Il faut les aider, les forcer même à grandir. Laisser entendre aux jeunes que l'ignorance donne le bonheur, c'est leur mentir honteusement. On parle beaucoup du décrochage chez les jeunes, mais les adultes aussi décrochent et laissent trop souvent tomber leurs responsabilités.* »

Pour Roland Arpin, si les voies généralement préconisées pour rapprocher l'école du monde du travail sont valables et doivent être explorées, la société et l'entreprise ont avant tout besoin de jeunes qui détiennent une solide formation fondamentale. « *Préparer des jeunes capables de regarder haut et loin* », voilà la première responsabilité de l'école. Ce qui ne met en cause ni l'adaptation de la formation à des jeunes aux aspirations variées, ni la nécessité d'offrir un enseignement technique à tous les jeunes qui y trouvent leur voie. « *Cette large vision n'est pas un privilège que la société doit réserver aux seuls universitaires* », de préciser Roland Arpin.

Lorsqu'il parle d'éducation, Roland Arpin se passionne et s'indigne, mais il sait aussi se faire prudent. « *C'est tellement facile de trouver des boucs émissaires alors que la qualité de notre système d'éducation est avant tout le reflet des valeurs qu'on privilégie dans notre société. Qui donc se lève aujourd'hui pour défendre haut et fort des valeurs comme la justice, la loyauté, l'importance du travail bien fait, la nécessité du partage, l'importance de la beauté sous toutes ses formes ? Demander à l'école de le faire à la place des élus, des parents, du clergé, des éducateurs, des chefs syndicaux ou du patronat, c'est se donner bonne conscience facilement.* » Cette nécessité de nuancer ses jugements, qui est une forme de recherche de la vérité, ne conduit pas Roland Arpin à se réfugier dans la pensée approximative qu'il dénonce. Il résume sa pensée en proposant trois voies pour l'école : « *L'école pour tous, où l'enseignement technique est valorisé; l'école exigeante, antidote au décrochage scolaire et au bas taux de diplômation; une formation humaniste pour entreprendre le XXIe siècle.* »

LA CROISÉE DES CHEMINS

Après cinq ans à la tête du Cégep de Maisonneuve, Roland Arpin commence à penser que le temps est venu pour lui de passer à autre chose. Il a déjà dépassé largement la durée de vie moyenne des directeurs généraux de cégep, qui en ces années font rarement plus d'un mandat de trois ans, et il ne lui déplairait pas de diversifier ses expériences professionnelles déjà riches.

Deux propositions lui sont alors faites presque simultanément. Le Service de police de la Communauté urbaine de Montréal lui offre le poste de vice-président aux ressources humaines; au même moment, un haut fonctionnaire qu'il connaît depuis plusieurs années le rencontre, au nom du sous-ministre de l'Éducation Pierre Martin, pour lui demander s'il serait intéressé à occuper un poste en voie de définition, sous-ministre adjoint à la planification et à la programmation budgétaire. Le choix est difficile. Le Service de police présente un défi de taille, car jamais un civil n'y a occupé le poste qu'on lui offre; de surcroît, il n'aurait pas à quitter Montréal, ce qui n'est pas négligeable pour quelqu'un qui ne se voit ni fonctionnaire du gouvernement ni résident de la région de Québec. Par ailleurs, le milieu de l'éducation est toujours une terre d'élection pour Roland Arpin, et ce poste au ministère de l'Éducation présente tous les attraits de l'inconnu dans un milieu qu'il aime.

Mais pendant qu'il hésite, les choses se précipitent. La Communauté urbaine n'arrive pas à faire modifier la réglementation pour permettre à un civil d'occuper un poste au sein de l'état-major de la police. Aline voit d'un bon œil la vie à Québec, les enfants sont autonomes, et surtout Roland Arpin a rencontré Pierre Martin, le sous-ministre de l'Éducation, qu'il ne connaissait pas. « *C'était un homme de dix ans mon cadet avec qui le courant a immédiatement passé. Peu loquace mais chaleureux et passionné, Pierre Martin m'est apparu dès cette rencontre comme un homme de projet faisant totalement confiance à ses collaborateurs, doué d'une large vision et possédant profondément le sens du service à l'État.* » Pierre Martin avait dit à ses collègues : « *Je cherche un sous-ministre adjoint ayant une connaissance du terrain, capable de mettre en place le secteur qui est à construire au sein du Ministère et qui développera une véritable équipe de "planifi-action".* » Au terme d'un bon souper des deux hommes en tête-à-tête, Roland Arpin donne finalement son accord. Il ne regrettera jamais ce choix qui lui ouvre non pas une, mais plusieurs carrières passionnantes.

Au service de l'État

De la pédagogie à la fonction publique

Et c'est ainsi qu'à la fin de l'année 1975, la famille Arpin déménage à Québec. Une constante dans la carrière de Roland Arpin semble être le goût qu'il trouve immédiatement à occuper de nouvelles fonctions. Encore ici, il s'adapte rapidement et avec plaisir à ce nouveau milieu : « *J'ai aimé ça tout de suite, le gouvernement.* »

Il a son bureau au quinzième étage du Complexe G. Tout comme il l'avait fait dix ans plus tôt dans son bureau de professeur, il transformera quelque temps après son arrivée la petite pièce nue en accrochant aux murs des tableaux et de beaux objets rapportés de voyage. Mais, édifice gouvernemental oblige, on ne manquera pas de lui faire savoir par une note de service qu'il est interdit d'accrocher soi-même des choses aux murs... Si ce détail anodin est de nature à confirmer certains des préjugés qu'il entretient envers la fonction publique, d'autres faits plus significatifs le forcent bientôt à nuancer son jugement. Sa première surprise est de se retrouver dans un milieu de gens qu'il juge dès l'abord comme extrêmement compétents. « *Dans le secteur parapublic, on se pense beaucoup plus brillants que les fonctionnaires. J'arrivais évidemment avec mes préjugés sur la fonction publique, la lourdeur de l'appareil gouvernemental, et le reste. J'ai découvert que s'il y avait du vrai dans tout cela, il y avait aussi beaucoup de clichés. Il y a au gouvernement une vigueur et une capacité professionnelle, un degré d'engagement dans le travail qui, je l'ai vérifié bien des fois depuis, ferait l'envie de n'importe quel chef d'entreprise. »*

Le poste pour lequel Roland Arpin est embauché, sous-ministre adjoint à la planification et à la programmation budgétaire, vient d'être créé. Plusieurs personnes issues de l'intérieur du ministère auraient pu y prétendre, et il se sent au départ un peu mal à l'aise de devenir le supérieur de ces fonctionnaires de carrière. Mais il trouve rapidement sa place, découvrant la loyauté des hauts fonctionnaires qui acceptent ce nouveau venu sans contester sa légitimité, plaçant leur service envers l'État au-dessus de leurs intérêts personnels.

Les fonctions du nouveau sous-ministre adjoint sont larges et quelque peu imprécises. Il doit réorganiser le secteur de la planification du ministère par des regroupements et du développement et lui donner une nouvelle cohérence. Quant au détail de cette rationalisation, son patron ne se montre surtout pas directif, encourageant plutôt une autonomie qui incite Roland Arpin à s'investir dans son travail, à développer lui-même son secteur d'activités. « *Pierre Martin était un gars extraordinaire. C'était le genre de patron qui définissait bien les objectifs à atteindre, mais en laissant toutes les avenues ouvertes et en te donnant une grande latitude en ce qui concernait le choix des moyens.* »

Quelques mois seulement après l'arrivée de Roland Arpin au ministère, on annonce la tenue d'élections. Il n'est pas inquiet pour son avenir, n'ayant pas d'allégeance politique ouverte et sentant qu'il pourrait travailler autant pour un gouvernement péquiste que pour un gouvernement libéral. À l'époque, il n'a d'ailleurs pas encore d'intérêt marqué pour la politique. Par contre, l'état de latence dans lequel est plongé l'appareil de la fonction publique en attendant les élections lui pèse. Rien ne bouge, les grands projets sont mis en suspens...

Il traverse alors plusieurs semaines de découragement, se demandant s'il a fait le bon choix, s'il ne s'est pas trompé en acceptant ce poste. Sur les conseils de fonctionnaires d'expérience, il en profite pour se mettre à jour en lisant des documents, se familiarisant peu à peu avec les innombrables dossiers du ministère, reprenant paradoxalement courage en voyant tout le travail qui reste à accomplir. Roland Arpin n'est pas l'homme des longues déprimes.

En novembre 1976, contre toute attente, le Parti québécois est porté au pouvoir. Le visage politique du Québec est changé. Cette nouvelle donne modifie considérablement la routine de tous les ministères et organismes gouvernementaux. Roland Arpin se sent immédiatement à l'aise dans la nouvelle conjoncture où, enfin, l'action reprend avec une intensité sans précédent. « *C'était très stimulant de travailler avec le nouveau gouvernement. Ces gens-là étaient des locomotives, ils étaient tout surpris d'être au pouvoir. Ils arrivaient avec un projet précis, mais qu'ils n'avaient jamais imaginé pouvoir mettre de l'avant si rapidement.* » C'est Jacques-Yvan Morin qui est nommé ministre de l'Éducation, « *un homme de qualité, raffiné et cultivé* », avec lequel Roland Arpin aura plaisir à travailler.

Les péquistes sont de tradition plus intellectuelle que les libéraux : « *On avait des débats de fond sur les programmes scolaires, les matières d'enseignement, la recherche universitaire...* » Et Roland Arpin d'ajouter, un peu moqueur mais affectueusement : « *Ce n'était pas un gouvernement qui dirigeait les destinées du Québec, c'était un éditeur. Les livres bleus, blancs et verts se succédaient dans la fébrilité, produits par une équipe ministérielle qui voulait faire tout et tout de suite.* » Cela n'est pas pour déplaire à Roland Arpin, qui est à la fois homme d'action et idéaliste. Il a aussi conscience qu'en tant que fonctionnaire, cette situation lui donne le privilège de vivre une période exceptionnelle. Il glissera au détour d'une phrase : « *On ne vit cela qu'une fois, car ça prend des années à un gouvernement pour digérer tant de bonnes idées et en payer le prix...* »

Pierre Martin ne laisse pas s'assoupir son nouveau collègue : il lui confie successivement les grandes directions de service du ministère de l'Éducation. Bientôt, la planification sera gonflée de plusieurs nouveaux mandats : développement des moyens d'enseignement, informatique, enseignement privé, éducation des adultes, sans compter certains dossiers internationaux et en particulier la participation, au sein de la délégation canadienne, aux travaux de la commission d'éducation de l'OCDE, qui a son siège à Paris. Roland Arpin en assumera la vice-présidence durant quelques années.

Il s'agit donc pour Roland Arpin d'une période enthousiasmante et formatrice, où il développe encore davantage ses compétences d'administrateur et son intérêt pour les grands ensembles et la prospective. « *J'ai tout de suite été à l'aise dans les grands systèmes, les plans de développement, les questions de démographie, la recherche en éducation... Ce qui m'intéresse, ce sont les comparaisons à l'horizontale, ce qui se fait ailleurs, la connaissance des systèmes, des grandes politiques...* »

C'est aussi une période d'apprentissage sur le plan humain, durant laquelle il affine son leadership. Il doit apprendre à transiger avec les nombreuses personnes au sein du ministère et dans les réseaux extérieurs, des personnes souvent plus expérimentées que lui. « *J'ai appris que des gens intelligents et compétents, ça se dirige. Il y en a qui ont plus d'envergure que vous mais qui ne demandent pas mieux que d'être associés à des projets qui se développent grâce à votre leadership. Je pense qu'une bonne équipe est composée de gens aussi forts, et même plus forts, que le patron. Ce qui soude une équipe, c'est l'intelligence, la vision commune qui la gouverne. Ce qui la fait éclater, ce sont les luttes de pouvoir, les mesquineries, la perte du sens institutionnel.* »

SOUS-MINISTRE DES AFFAIRES CULTURELLES

En 1981, Roland Arpin est envoyé à Paris pendant quelques jours pour remplir une des nombreuses missions qui lui incombent au ministère de l'Éducation. Une nuit, alors qu'il dort à poings fermés, le téléphone de sa chambre d'hôtel sonne. Au bout du fil, Denis Vaugeois, alors ministre des Affaires culturelles, lui propose de devenir son sous-ministre. Il y a alors cinq ans que Roland Arpin occupe son poste au ministère de l'Éducation : il ne se sent pas encore l'envie de bouger et il ne se sent surtout pas l'envie de devenir sous-ministre en titre. D'abord, il a l'impression qu'en demeurant membre du grand groupe des sous-ministres adjoints, il garde la possibilité de changer de ministère le jour où il le souhaitera et de toucher à un grand nombre de dossiers. L'appartenance au club restreint des sous-ministres en titre, croit-il, limiterait ses mouvements. De plus, il redoute les contraintes politiques avec lesquelles doit composer un sous-ministre, lequel se trouve véritablement à la charnière de l'administratif et du politique. « *Je ne suis pas carriériste, je ne me couche pas le soir en priant pour avoir plus de pouvoir. Je m'étais fait à l'idée de demeurer sous-ministre adjoint, ce qui me donnait plus de mobilité et de flexibilité que d'être sous-ministre.* » Ce n'est donc pas avec beaucoup de chaleur qu'il accueille la proposition de Denis Vaugeois; celui-ci est étonné et le lui dit sans détour : « *Je vous trouve assez indépendant ! Je vous invite à être sous-ministre, et vous ne me dites pas oui tout de suite...* » Et Roland Arpin de répliquer : « *Je suis en pleine nuit ici à Paris, vous comprendrez que je ne me suis pas couché avec l'idée d'être sous-ministre aux Affaires culturelles. Je rentre à Québec dans deux jours, d'ici là, j'y pense et je vous vois dès lundi.* » Sans le dire, il se sent attiré par ce nouveau défi. Dès son retour, il rencontre Gérard Frigon, qui quitte le ministère pour se rendre à Caracas comme délégué du Québec. Celui-ci incite Roland Arpin à accepter le poste, en ne lui cachant pas toutefois certaines difficultés, notamment le peu de poids de la mission culturelle au sein du gouvernement et le fait que Denis Vaugeois est un homme passionné, actif, qui attend beaucoup de son sous-ministre. Cela n'est pas pour effrayer Roland Arpin qui se sent gagné par le goût du changement et n'attend au fond que sa rencontre avec Denis Vaugeois pour décider s'il se laissera tenter par l'aventure. Comme convenu, les deux hommes soupent ensemble le lundi. Dès le début de la soirée, Roland Arpin acquiert la conviction que sa carrière amorce un nouveau tournant. « *La mayonnaise a pris immédiatement. Denis Vaugeois est un communicateur et un pédagogue remarquable. C'est aussi un "idéateur", pour employer un mot à la mode. Une idée n'attend pas l'autre. Cette façon d'être peut déplaire à certains; quant à moi, elle me stimulait au plus haut point. Nous nous sommes vite entendus sur les règles qui allaient définir notre coexistence au sein du Ministère et sur les projets prioritaires qui tenaient à cœur au ministre et au gouvernement dans le secteur de la culture.* »

Roland Arpin rencontre ensuite Louis Bernard, secrétaire général et « patron » des sous-ministres; celui-ci exprime son intérêt pour la culture et les arts, et souligne sans détour à Roland Arpin l'importance du ministère que le Premier ministre compte lui confier – c'est en effet le Premier ministre qui, ultimement, choisit et nomme les sous-ministres, ce qui leur confère une autorité considérable. Tous les fils sont attachés, les choses se font prestement et quinze jours plus tard, le nouveau sous-ministre aux Affaires culturelles est en fonction.

Le ministère de l'Éducation avait permis à Roland Arpin de faire l'apprentissage de la gestion des grands ensembles et des grands systèmes budgétaires. Aux Affaires culturelles, le nouveau sous-ministre est confronté à une réalité très différente : il découvre qu'il ne peut absolument pas faire l'économie de variables qui lui semblaient auparavant un peu secondaires, à savoir les facteurs humains, l'approche chaleureuse, l'écoute des clientèles, qui lui permet de bien comprendre les besoins et d'y répondre. Il se trouve à l'aise et heureux de cette nouvelle situation. « *J'ai beaucoup aimé les Affaires culturelles, autant pour les valeurs que doivent privilégier ceux qui y travaillent que pour la qualité des personnes qui forment ce qu'on appelle par commodité le milieu culturel. Il s'agit en fait de plusieurs milieux, qui ont des intérêts fort différents. Entre l'archéologue et le poète, entre l'éditeur et le sculpteur, entre le professeur de conservatoire et le muséologue, il y a tout un monde. Mais il y a dans les projets de tous ces gens une trame commune : la place importante de la conservation de la mémoire, de la diffusion des connaissances et des arts, l'engagement profond dans ce qu'ils font, une forme d'idéal, le désir de communiquer leur passion de la culture... Cette trame, les fonctionnaires doivent la comprendre et la respecter. Leur rôle est celui d'experts en moyens, des moyens qui doivent rendre possible la création et faciliter sa diffusion. Les fonctionnaires que j'ai connus au ministère étaient souvent de remarquables alliés du milieu culturel, dont ils épousaient les causes, parfois même trop étroitement, au risque de perdre l'indispensable distance critique que doivent conserver les administrateurs. Mais le plus important pour moi, c'était cet intérêt qu'ils portaient à la culture et à son développement. Redresser quelques excès est facile quand il s'agit d'excès de zèle... »*

À celui qui a piloté de grands dossiers au ministère de l'Éducation, qui a coordonné et orienté des suivis importants, qui a toujours travaillé à la systématisation et aux grands ensembles, la gestion diversifiée du ministère procure un vif plaisir. Il passe quotidiennement du théâtre à l'édition, de l'enseignement des arts aux industries culturelles, des archives aux orchestres, etc. C'est durant cette période, au fil des rencontres avec les intervenants du milieu et en prenant conscience des besoins culturels de l'ensemble de la population, que se précise sa conception du rôle de l'État en matière culturelle. Plusieurs années après, en 1991, il fera valoir ces idées, à la demande de la ministre Liza Frulla-Hébert et du gouvernement libéral, dans la proposition de *Politique de la culture et des arts* plus communément désignée sous le titre de « Rapport Arpin »[1]. Ce rapport, produit dans un délai de quelques mois, est le fruit du travail d'un groupe-conseil, et donc une œuvre collective, mais on y retrouve quelques idées maîtresses qui sont manifestement celles de Roland Arpin. On y privilégie un discours sur les grandes finalités de la culture qui peut se résumer en une phrase : « inscrire la culture au cœur du projet, à la même hauteur que les missions sociales et économiques

---

1. *Une politique de la culture et des arts*, proposition présentée à madame Liza Frulla-Hébert, ministre des Affaires culturelles du Québec, Groupe-conseil sous la présidence de monsieur Roland Arpin, Gouvernement du Québec, 1991.

de l'État ». Le document se structure autour de trois finalités : développer le domaine des arts et de la culture, favoriser l'accès à la culture et accroître l'efficacité de l'action du gouvernement et de ses partenaires dans la gestion de la mission culturelle. Il formule une centaine de recommandations qui concernent le soutien à la création, le support aux organismes culturels, l'accroissement de l'action internationale, la formation professionnelle, la création d'un réseau culturel sur le territoire, le développement de l'éducation culturelle, la reconnaissance du partenariat comme levier pour le nouveau ministère de la Culture qui remplacera le ministère des Affaires culturelles, la maîtrise d'œuvre et la diversification des sources de financement. On y plaide pour un développement du domaine artistique et culturel par diverses approches : selon les termes du rapport, « *favoriser la création, assurer la stabilité des organismes culturels, accroître l'action internationale et développer et maintenir au Québec la compétence professionnelle dans le domaine culturel* ». On y expose la nécessité de faciliter l'accès à la vie culturelle, en établissant entre autres un solide réseau d'organismes et d'infrastructures culturels sur l'ensemble du territoire québécois et en développant l'éducation culturelle, que ce soit à l'école, à la maison, dans les médias écrits et électroniques ou dans le cadre de vie général. On y aborde aussi le rôle de l'État : celui-ci est vu comme le maître d'œuvre de la politique culturelle, devant tout à la fois assurer un rôle d'expert, d'initiateur, d'arbitre et de coordonnateur. Enfin, le rapport soulève la question d'une diversification du financement des arts et de la culture, non pas dans une optique de désengagement total, mais dans un souci d'équilibre entre les contributions respectives des divers secteurs de la société. Le contexte des dernières années a favorisé une vision étroite selon laquelle la seule justification au financement des industries culturelles s'appuyait sur leurs retombées économiques. Au contraire de cette conception économiste, le Rapport Arpin instaure un équilibre remarquable entre les considérations touchant à l'utilité immédiate et celles concernant le

bien commun à plus long terme. Il dénote une réelle compréhension de la place essentielle de la culture dans toute société,
donnant ses lettres de noblesse à une attitude que l'on peut
véritablement qualifier d'humaniste. La politique culturelle
adoptée en 1992 retiendra l'essentiel du Rapport Arpin.

LES DESTINS ENTREMÊLÉS

C'est pendant son mandat de sous-ministre que Roland Arpin
est pour la première fois associé au dossier de ce qui deviendra le Musée de la civilisation. À cette époque, c'est encore le
Musée du Québec qui a le mandat de mettre en valeur la
collection ethnographique du Québec, constituée de quelque
50 000 objets. Cependant, faute d'intérêt et de moyens, la
collection dort dans les voûtes la plupart du temps, ou est
exposée en partie, mais de façon peu intéressante, sans tenir
compte des nouvelles tendances de la muséologie. Pour le
ministre Denis Vaugeois qui, étant historien, comprend les
enjeux liés à cette question, cette situation ne saurait durer : il
faut soit agrandir le Musée du Québec et lui fournir les moyens
d'être un musée à double vocation, ethnologie et beaux-arts,
soit doter la ville de Québec d'un nouveau musée. Comme la
première proposition, mise sur la table vers 1980, suscite un
vif débat au sein des milieux culturels, chaque camp redoutant
que l'autre ne le supplante, Denis Vaugeois crée une commission chargée de faire le point et de le conseiller sur le meilleur
choix possible. Il en ressort l'idée de construire un deuxième
musée à vocation ethnologique et historique, un musée dont
la future loi précisera qu'il doit mettre en valeur l'histoire et la
culture du Québec, mener des activités internationales et
s'ouvrir sur le monde, et développer la collection d'objets que
lui transmettra le gouvernement du Québec dès sa création.

Quand Roland Arpin arrive au ministère des Affaires
culturelles en 1982, le projet est déjà arrêté dans ses grandes
lignes. Le musée, qui s'appelle provisoirement « Musée de
l'Homme d'ici », sera situé dans le Vieux-Port de Québec. Le

nouveau sous-ministre hérite du dossier : il lui appartiendra dorénavant de travailler à son développement et de le piloter dans le dédale des diverses instances gouvernementales. Il peut compter sur son ministre qui, ardent promoteur du projet, désire lui faire franchir le plus rapidement possible les diverses étapes administratives et politiques. Le futur musée se veut actuel, populaire, ouvert aux couches de la population qui ne fréquentent pas habituellement de tels lieux. Le concept du musée thématique se dessine aussi à cette époque. L'esprit de Roland Arpin transparaît dans ces deux caractéristiques, héritage de ses années d'enseignement au cours desquelles il a privilégié une approche non élitiste et une méthode pédagogique fondée sur la compréhension des rapports entre les divers domaines de la connaissance. Tout au long du développement du dossier, le sous-ministre est appuyé par André Juneau, alors responsable de la Direction des musées au ministère. Historien de formation, passionné de muséologie et de communication, André Juneau développe l'idée d'un musée fondé non sur les artefacts mais sur la culture humaine en mouvement, où le visiteur est partie prenante de cette culture. Il n'a guère de difficulté à convaincre Roland Arpin qui, sans se fonder sur les théories muséologiques, partage cette conviction.

Fort de son expérience de la planification acquise au ministère de l'Éducation, Roland Arpin inscrit le dossier dans un processus de réalisation concrète, mettant fin pour un temps aux discussions sur ses grands objectifs culturels. « *Si on ne passe pas aux actes, il vient un temps où un projet gouvernemental risque de tourner en rond et de devenir simplement un objet de discussion et de débat plutôt qu'une affaire concrète obéissant aux règles de la planification : définition des besoins, prévision des coûts, calendrier de réalisation.* » Roland Arpin incite son ministre à désigner momentanément le futur musée comme le « Nouveau musée », ce qui évitera les inévitables tensions qui se dessinent déjà autour du nom de « Musée de l'Homme d'ici ». Un geste stratégique sans doute, mais un geste qui souligne déjà la volonté de Roland

Arpin d'insuffler à la future institution une vision aussi large et généreuse que possible. Même s'il n'en est qu'à ses premières réflexions sur ce musée, son idée se précise. Les circonstances lui permettront de la pousser jusqu'à son terme.

Mais le pilotage du dossier ne se fait pas sans heurts. Le gouvernement du Parti québécois a l'ambition de placer la culture au cœur de son action. Cela est particulièrement stimulant, mais n'est pas sans comporter certains désagréments : ainsi, de nombreux ministres veulent avoir leur mot à dire dans les affaires culturelles, ce qui amène chaque projet du ministère à être examiné et discuté en profondeur par plusieurs intervenants. Suivant cette pratique, Roland Arpin et son équipe préparent le concept du « Nouveau musée » pour le présenter au comité de développement culturel qui réunit plusieurs ministres du gouvernement sous la houlette du ministre Camille Laurin. Pensant bien faire, l'équipe a élaboré un dossier très détaillé, relié dans un cahier à couverture argent au graphisme raffiné. « *Déjà à ce moment-là se dessinait l'idée d'un musée thématique, d'un musée centré sur l'éducation et sur la démarche d'apprentissage, d'un musée aussi qui s'adressait à des couches sociales qui n'ont pas l'habitude de fréquenter ces lieux-là. Le projet reposait sur trois idées principales. La première était que le nouveau musée devait avoir les sciences humaines pour fondement. La deuxième idée était de mettre l'accent non sur l'objet inanimé, mais sur la personne vivante et son aventure. La troisième idée était celle du musée thématique; elle n'est peut-être pas seulement de moi, mais je l'ai faite mienne très vite car elle définit un musée ouvert et perméable à une multiplicité d'approches.* » Résultat inattendu de cette préparation impeccable, les ministres sont froissés, ayant en quelque sorte l'impression d'être placés devant le fait accompli. Le document présenté est retiré. « *C'était une erreur de stratégie, le soin que nous avions apporté à notre travail se retournait contre le projet.* »

Le projet semble alors destiné à stagner quelque peu, d'autant plus que le ministre Denis Vaugeois, qui l'avait particulièrement à cœur, quitte les Affaires culturelles. C'est

Clément Richard qui prend la succession. Sans être opposé au projet, le nouveau ministre n'est pas séduit du premier coup lorsqu'on le lui présente. Il a ses propres priorités, chose évidemment légitime et qu'il est du devoir du sous-ministre d'accepter. Mais au fil des mois, Clément Richard s'y intéressera de plus près. Roland Arpin pourra finalement compter sur son appui et sur son sens aigu de la négociation lorsque viendra le moment de convaincre le président du Conseil du trésor, Yves Bérubé, du bien-fondé et de l'intérêt tant culturel qu'économique du projet. « *Les projets culturels d'envergure, en particulier les grands équipements, piétinent toujours assez longtemps et sont sans cesse repoussés à l'avantage des projets des secteurs de la santé, de l'éducation, de l'économie* », déplore Roland Arpin. Le « Nouveau musée » n'avait pas échappé à cette situation. Mais en 1983, le gouvernement du Parti québécois, au terme d'une réunion extraordinaire du Conseil des ministres, annonce un train de mesures qui permettront de relancer une économie tragiquement stagnante. Cette annonce suscite un branle-bas de combat à la grandeur du gouvernement. Chaque ministère, chaque ministre, chaque sous-ministre est convié à présenter des projets qui, depuis le reboisement jusqu'à la construction de HLM ou de ponts secondaires, peuvent créer de l'emploi et raviver la consommation. Le « Nouveau musée » refait surface et Clément Richard se présente devant son collègue du Trésor avec un dossier bien documenté, présenté avec goût, farci de données économiques – tout ce qu'il faut pour la région de Québec particulièrement éprouvée par la récession.

Mais le projet n'a pas encore emporté l'adhésion de tous les membres du gouvernement, et il faut continuer de le piloter avec tact et conviction, car plusieurs ministres se bousculent aux portes pour jouir de la manne passagère. Lors d'une rencontre fortuite et brève, le Premier ministre René Lévesque s'enquiert auprès de Roland Arpin de l'état d'avancement du dossier. Informé que le projet piétine, il tranche avec son bon sens habituel : « *Écoutez, on n'a pas le temps de se chicaner. Allez de l'avant, arrêtez de discuter et construisez-le, ce fameux musée. Et puis, faites-le aussi flexible que possible, on verra pour la suite. »* Cette vision des choses s'avérera la bonne. Quelques années plus tard, un autre Premier ministre, Robert Bourassa, dira au futur directeur : *« Faites un musée ouvert sur le monde, mais dans lequel les Québécois se retrouvent. »* Ni musée d'art ni musée de la science, la nouvelle institution aura un bâtiment à l'architecture flexible et polyvalente. En évitant les débats conceptuels sur sa vocation, on évite de s'enfermer dans un projet trop défini risquant de paralyser l'action. Cette façon de fonctionner est conforme aux convictions de Roland Arpin : on passe à l'action et on s'ajustera dans la pratique.

Dès lors, on discute coûts, emplacement, budget de fonctionnement, et le reste. Le projet, à l'époque, est considérable : le bâtiment prévu doit prendre presque le double de l'espace qu'occupe l'actuel musée. *« C'était une des faiblesses de ce premier projet, il était démesuré »*, constate Roland Arpin rétrospectivement. Le Conseil du trésor lui donne malgré tout son aval et le projet est annoncé. Le processus se met alors très vite en branle. Le ministère des Affaires culturelles est responsable des appels d'offres pour la construction de l'édifice, une chance pour Roland Arpin qui trouve un grand plaisir à ce type de réalisation concrète. *« J'aime être associé à la construction de bâtiments, d'édifices. Ce sont des choses qui restent. Cette chance s'est présentée plusieurs fois dans ma carrière. Je crois que pour structurer des missions gouvernementales, surtout dans les domaines éducatifs et culturels, il faut bâtir des équipements, créer des infrastructures, développer des réseaux. »* En prenant connaissance des soumissions, on réalise vite la trop grande ampleur du projet, et les proportions du bâtiment sont révisées à la baisse. La construction débute quelques mois plus tard, dans le Vieux-Port de Québec.

Il faut ajouter que c'est pendant le mandat de Roland Arpin que sera adoptée la *Loi sur les musées*, qui confère une nécessaire indépendance à ces institutions. Quand il arrive au ministère des Affaires culturelles, les deux musées d'État, le

Musée du Québec et le Musée d'art contemporain, relèvent encore directement du sous-ministre. Le caractère problématique de cette situation apparaît clairement à la faveur d'une controverse déclenchée par une exposition du Musée du Québec, que certains jugent trop audacieuse. Roland Arpin doit alors s'engager directement dans le dossier pour tenter d'apaiser les tensions. Cette intervention n'est absolument pas conforme à ce qui lui semble devoir être le rôle de l'État et de ses fonctionnaires dans ce domaine : « *Le rôle de l'État, ce n'est pas de faire de la culture, mais de rendre la culture possible. Des institutions qui ont des mandats de création et de diffusion doivent avoir une grande marge de manœuvre et d'autonomie, ça n'a pas de sens qu'elles relèvent directement d'un ministre ou d'un sous-ministre. Un musée doit relever d'un directeur qui fait sa programmation, qui prend des risques et qui défend ses choix.* »

Il propose donc au ministre Clément Richard de préparer une loi sur les musées, une loi qui s'inspirera largement de celle qui gouverne les cégeps. « *Mon expérience des cégeps me permettait de proposer une loi sur les musées qui tirerait le meilleur de la Loi sur les cégeps et qui en éviterait les écueils. Le moins que je puisse dire aujourd'hui, c'est que le ministre Richard a fait d'heureux choix qui permettent aux trois musées d'État de disposer de toute la marge de manœuvre nécessaire à leur action tout en les contraignant à rendre des comptes, comme il se doit dans la gestion des biens publics.* » Dorénavant, les musées d'État seront donc constitués en sociétés d'État et seront chapeautés par un conseil d'administration qui, outre le fait qu'il embauche le directeur général du musée, assume les responsabilités habituellement dévolues à de telles instances. Il doit notamment rendre des comptes au gouvernement dont il tire son financement.

Si le dossier du Musée est, pour le sous-ministre de la culture, un dossier important tant par les moyens qu'on lui accorde que par l'esprit nouveau dont il est porteur, ce n'est pas sa seule préoccupation, loin de là. On l'a vu, de multiples problèmes pratiques assaillent quotidiennement Roland

Arpin : ils ne représentent pas toujours des sommes importantes, mais ils se répercutent sur une clientèle souvent fragile. Il doit aussi s'occuper d'élaborer des politiques générales.
De plus, Clément Richard veut que son passage aux Affaires
culturelles soit marqué par l'adoption d'un plan d'action et
d'une loi sur le cinéma. Roland Arpin mobilise ses collaborateurs et collaboratrices, et mène ces projets à un aboutis-
sement qui satisfait le ministre et qui fait avancer le ministère.
Plusieurs autres dossiers sont enclenchés pendant ces années,
dont les fonctionnaires disent encore qu'elles ont été plus que
stimulantes. En particulier, une opération difficile est confiée
à Roland Arpin : il doit développer les services du ministère
en région et les redéployer en conséquence. Le projet
rencontre de la résistance et beaucoup de scepticisme, d'autant
plus qu'il doit se faire « à budget constant ». « *En temps normal,
la diffusion de l'information est un problème jamais résolu dans les grandes
organisations. Au cours des périodes de grands changements, la difficulté
n'est que plus grande. Tout se passe comme si chacun avait décidé de ne
comprendre que ce qui fait son affaire ! C'est pourquoi j'avais décidé, pour
bien réussir cette difficile opération, de faire porter mes efforts sur l'information abondante, continue et surtout directe.* » Il multiplie donc les
rencontres avec le personnel et explique à chacun les enjeux,
les objectifs mais aussi les contraintes de l'opération de
régionalisation du ministère. « *J'ai réalisé une fois de plus que la
loyauté et la solidarité de l'équipe de direction et de l'ensemble des cadres est
le premier critère de réussite d'un changement en profondeur dans une
organisation. J'ai réalisé aussi que le contact direct a une vertu qui dépasse
largement les informations que vous diffusez : il témoigne de votre intérêt et
de votre respect à l'endroit des personnes. Cela est aussi un critère fondamental dans le succès des opérations de changement.* » Lorsque Roland
Arpin quittera le ministère, l'opération sera presque achevée.
Le tout se sera fait sans heurts, par la force de cohésion de
l'équipe de direction et par le soutien d'une information
généreuse et continue.

LA CULTURE COMME MODE DE VIE

À travers son mandat comme sous-ministre des Affaires culturelles, Roland Arpin en vient à élaborer une pensée sur la culture qui dépasse de loin les considérations strictement administratives ou politiques. De la même façon que sa réflexion sur l'éducation nourrit son action en tant que directeur de musée, la vision de la culture qu'il a développée lui dicte certains choix, certaines voies pour l'institution qu'il dirige. Rappelant qu'il a eu l'occasion de présenter son point de vue à la Commission parlementaire sur l'avenir politique et constitutionnel du Québec, en janvier 1991, Roland Arpin souligne certains passages de son mémoire en indiquant que ses convictions ne se sont que renforcées au cours des dernières escarmouches constitutionnelles.

« *Nul ne serait censé ignorer les vertus de la culture; il n'est cependant pas inutile de rappeler qu'elle représente l'âme des choses, des individus, des collectivités; que l'importance qu'on lui attribue et la place qu'on lui consent définissent profondément le niveau de développement des pays et conditionnent l'épanouissement de leurs habitants. La culture est une longue ligne, tout comme la civilisation dont elle est un élément déterminant, elle comprend des points de départ, des racines qui se perdent parfois dans l'histoire et la tradition. La culture s'exprime généreusement à travers les arts et les lettres, mais aussi à travers les mœurs, les manières de vivre, les valeurs dominantes. Le fait qu'elle soit multiforme et qu'elle ne se laisse pas enfermer dans une définition unique ne saurait avoir pour effet qu'on mette en doute son influence déterminante sur la société.* »

« *Pendant longtemps, parler de culture c'était parler de "culture cultivée", c'était se référer à un segment limité de la société. Cette époque est derrière nous. Aujourd'hui la culture est plus quotidienne, mieux intégrée à la vie, plus multiple également. Elle nourrit notre imaginaire, à travers les arts, mais aussi à travers les médias et les grands événements populaires : expositions internationales, célébrations d'anniversaires historiques mais aussi festivals de tous ordres : cinéma, jazz, festival d'été, festival du mime, grandes expositions. Une constante se dégage de tous ces événements : la* redécouverte de la fête, de la joie collective, de la fierté d'appartenance, de la signification profonde des grandes liturgies esthétiques et culturelles. »

« La culture n'est pas une abstraction. Elle repose sur une géographie donnée, sur une population présentant un profil démographique qui lui est propre, sur une histoire puisant à plusieurs sources, sur une tradition religieuse. En somme, la culture est le produit d'une lente sédimentation; une sédimentation reflétant l'aventure humaine qui, à travers le temps et l'espace, définit graduellement l'identité des peuples. Les manifestations de cette longue marche, prises une à une et isolées les unes des autres, ne revêtent pas une très lourde signification. C'est l'ensemble de l'évolution d'un peuple, l'ensemble des choix qu'il fait — et ceux que lui impose l'histoire — qui composent ce qu'il est convenu d'appeler l'identité culturelle. Cette identité se définit à travers un territoire particulier, une langue propre, des traditions originales. »

« Un choix inéluctable, tout délicat qu'il soit, s'impose : la culture exige de l'État une présence active, des mesures incitatives, une législation propre à protéger la langue et la tradition françaises qui sont des valeurs essentielles auxquelles tiennent la majorité des Québécois. »

« Une objection survient immédiatement chez ceux qui pensent que le darwinisme doit jouer en toutes choses : une culture qui doit être protégée mérite-t-elle de survivre ? Une véritable culture ne devrait-elle pas résister à toutes les idéologies, à toutes les attaques, comme le démontre, par exemple, l'évolution récente des pays de l'Est ? Esquissons une réponse à cette objection. Pourquoi faudrait-il que la culture soit laissée à elle-même par l'État et les responsables politiques, lors même que d'autres domaines comme la santé, l'environnement, l'éducation et les programmes sociaux font l'objet de tant de sollicitude ? Sans compter notre situation particulière selon laquelle on ne peut faire fi de l'existence d'une communauté francophone enclavée dans un pays et un continent de culture anglo-saxonne et de langue anglaise. Si la culture exprime l'âme d'un peuple, sa sauvegarde est une question prioritaire; les mesures pour y parvenir doivent être prises par les citoyens mais aussi par l'État à qui est confié tout naturellement un tel mandat. »

« L'État a un rôle fondamental à jouer dans la culture, dans la mesure même où il lui revient de créer les conditions essentielles d'accès à la vie culturelle. Plus encore, l'État ne doit pas craindre de jouer un rôle dans la culture — comme il le fait d'ailleurs souvent dans les secteurs économique et commercial —, un rôle subsidiaire dont il doit se départir, en faveur de relais, chaque fois que cela est possible. Enfin, s'il est un domaine où l'État partenaire prend tout son sens, en raison de sa capacité de servir de levier financier, c'est bien dans la culture. »

LE FORUM DES SOUS-MINISTRES

On voit ainsi qu'en tant que sous-ministre des Affaires culturelles, Roland Arpin n'est pas absorbé uniquement par les détails quotidiens de la gestion. Il aime à prendre le recul de l'observateur réfléchi, soucieux de comprendre les lignes de force qui, sous la surface, organisent le milieu dans lequel il œuvre. Il a aussi l'occasion de participer aux réflexions de fond sur certaines des orientations administratives du gouvernement. C'est au forum des sous-ministres, qui regroupe une trentaine de collègues, qu'ont lieu ces discussions. Ce forum, qui se réunit environ chaque mois, n'est pas un conseil des ministres parallèle. Il constitue avant tout un lieu de mise en commun et de consensus sur des questions strictement administratives. Au contraire de ce qui se passe au Conseil des ministres, les points de vue politiques y interviennent très peu. Dès qu'il est nommé sous-ministre, Roland Arpin anticipe avec joie de prendre part aux débats de ce groupe. « J'avais hâte d'y participer, car ce "club" avait la réputation d'être formé de gens intéressants parmi lesquels se trouvaient des descendants de ces mandarins un peu légendaires de la fonction publique des années soixante-dix. »

Roland Arpin se rappelle avec une certaine émotion la première séance du forum des sous-ministres à laquelle il a assisté. Dès l'ouverture, Louis Bernard, le secrétaire général du gouvernement, félicite le nouveau sous-ministre et l'invite avec deux autres recrues à prêter serment de discrétion et de fidélité. « Je jure que je serai loyal et porterai vraie allégeance à l'autorité constituée et que je remplirai les devoirs de ma charge avec honnêteté et justice [...] Je jure de plus que je ne révélerai et ne ferai connaître, sans y être dûment autorisé, quoi que ce soit dont j'aurai eu connaissance dans l'exercice de ma *charge. Ainsi Dieu me soit en aide.* » C'est pour lui un moment solennel. Ce serment met de l'avant une conception des rapports professionnels où priment avant tout la loyauté et le sens du devoir, deux valeurs fondamentales pour Roland Arpin qui les pratiquera non seulement au gouvernement, mais dans toute sa carrière.

Parmi les collègues dont il apprécie la compétence et la largeur de vue, il y a Robert Normand (Affaires internationales et intergouvernementales), Jacques Girard (Éducation), Jean-Claude Deschênes (Affaires sociales), David Jacoby (Justice), Alban d'Amour (Revenu), et plusieurs autres. Il dira : « *C'est au forum des sous-ministres que j'ai compris ce que signifiait l'expression "la haute fonction publique".* » Plus que tous les autres cependant, c'est Louis Bernard qui suscite son admiration. Lorsqu'il en parle, les superlatifs lui viennent spontanément : « *Au sein du forum des sous-ministres, il se détachait nettement du groupe. Il le surpassait sans le dominer, il le dirigeait sans écraser ceux qui exprimaient une opinion contraire à la sienne. Mais lorsque venait le temps de trancher, d'indiquer la voie à suivre, de préciser la direction, il le faisait avec assurance, compétence et intégrité.* » Avec Louis Bernard, la haute fonction publique a franchi un grand pas : elle est passé de l'ère où l'on qualifiait les sous-ministres de « mandarins » à une époque plus moderne, mieux adaptée à un gouvernement dont les ministres veulent eux-mêmes arrêter les politiques et définir les grands choix. Cette nouvelle conception commande que la haute fonction publique se définisse comme étant formée, selon l'expression de Louis Bernard, « d'ingénieurs plutôt que d'architectes ». Pour celui-ci, les hauts fonctionnaires sont avant tout au service de l'État et des projets du gouvernement. C'est dans cet esprit qu'il dirige les délibérations de ses collègues, ne négligeant rien pour valoriser la fonction de sous-ministre et pour en faire saisir le sens à ceux qui y accèdent.

Roland Arpin porte aux travaux du forum des sous-ministres un intérêt soutenu. Cela l'amène à explorer divers dossiers, en plus de ceux du ministère des Affaires culturelles. Il élargit ainsi sa connaissance des rouages et des réseaux gouvernementaux. Sa compétence et son dévouement au travail ne passent pas inaperçus, puisqu'en 1984 Louis Bernard suggère au Premier ministre de le nommer secrétaire du Conseil du trésor.

LE CONSEIL DU TRÉSOR

Organisme essentiel au bon fonctionnement du gouvernement, le Conseil du trésor est né à la suite d'une importante réforme des structures de la fonction publique. Les principes qui ont mené à sa création ont fait entrer la gestion gouvernementale dans l'ère moderne.

Le 15 décembre 1970, le ministre Raymond Garneau, présentant le projet de loi sur l'administration financière qui a donné la loi actuelle, faisait état de l'urgence de réaménager les structures de l'appareil administratif gouvernemental et d'arriver à un style de gestion qui permette d'augmenter la productivité des ressources. Le ministre Garneau avait basé son projet de loi sur des principes qui, en dépit de leur simplicité, étaient loin d'avoir toujours été appliqués : les élus doivent gouverner, soulignait-il. Il leur appartient de déterminer les objectifs du gouvernement et de définir les programmes à mettre en œuvre. Les décisions doivent être celles du gouvernement et non celles des technocrates; le pouvoir exécutif appartient aux ministres agissant collectivement; le gouvernement, c'est le Conseil des ministres. Le cabinet doit être en mesure d'exercer un leadership véritable, de discerner les questions fondamentales et d'y consacrer l'essentiel de son énergie.

Un gouvernement qui gouverne en vertu du pouvoir des élus et qui va à l'essentiel, des administrateurs qui administrent selon des règles visibles, applicables à tous et scrupuleusement respectées – de là à conclure à la nécessité de doter le Conseil des ministres d'un comité spécialisé en matière de politiques administratives, chargé de réglementer, sur le plan administratif, l'utilisation des ressources de l'État, de surveiller l'application de cette réglementation et d'assurer la coordination des fonctions et des services administratifs, il n'y avait qu'un pas. C'est ainsi que le Conseil du trésor allait prendre la relève du Conseil de la trésorerie. Désormais, le Conseil du trésor agirait à titre de comité du Conseil des ministres et exercerait de son propre chef les pouvoirs qui allaient lui être conférés dans la gestion des ressources humaines et financières.

En ce qui concerne la gestion financière, le nouveau Conseil du trésor devenait l'organisme central du contrôle budgétaire. Il lui revenait d'analyser les implications financières des plans et programmes des ministères et des organismes du gouvernement, de préparer chaque année les prévisions budgétaires, de contrôler l'exécution des dépenses et des engagements financiers autorisés par l'Assemblée nationale.

En matière de gestion des ressources humaines, les responsabilités du nouveau Conseil du trésor venaient compléter celles du ministère de la Fonction publique. On lui confiait l'approbation des plans d'organisation et des plans d'effectifs des ministères et organismes, ainsi que la responsabilité de déterminer les mandats de négociation et de surveiller l'application des conventions collectives, tant pour les réseaux de l'Éducation et des Affaires sociales que pour celui de la Fonction publique.

C'est donc dans une optique de développement et de planification et dans une volonté de modernisation du processus de décision gouvernemental que fut créé le Conseil du trésor. De grands thèmes ont présidé à la présentation de la nouvelle *Loi sur l'administration financière* : délégation des pouvoirs et des responsabilités, prise en charge des affaires administratives par les sous-ministres et leurs collaborateurs, accroissement de la capacité de décision et de la capacité de gestion, efficacité et productivité, clarté et transparence des normes et des règles. Les objectifs assignés au nouveau Conseil du trésor lors de sa création sont toujours en force : permettre au gouvernement de prendre ses décisions en connaissant le mieux possible leurs implications financières; permettre au gouvernement de contrôler l'utilisation des ressources financières affectées à l'exécution de ses décisions; permettre au gouvernement d'évaluer de façon systématique et continue la rentabilité des programmes en cours.

Le secrétaire du Conseil du trésor, qu'on reconnaît comme le deuxième fonctionnaire du gouvernement, dirige le travail du secrétariat du Conseil du trésor qui assure le soutien technique et administratif au pouvoir exécutif. Au fil des ans, ce secrétariat a mis au point des méthodes d'analyse permettant à la fois d'évaluer l'efficacité et les implications financières des programmes gouvernementaux, et de dégager le coût des grands systèmes de la gestion publique, ce qui en fait un allié parfois redouté par les ministres, mais indispensable pour garantir la qualité et la crédibilité des décisions des cinq ministres qui forment le Conseil du trésor.

Lorsque ce poste lourd de responsabilités est proposé à Roland Arpin, il est avant tout étonné que l'on considère sa candidature – étonnement qui fait bientôt place à une certaine hésitation. « *Je ne me reconnaissais pas une compétence approfondie dans les domaines de la grande gestion budgétaire et de l'économie. Ma trajectoire me qualifiait davantage pour des ministères faisant affaire avec le public que pour un organisme que je percevais comme très normatif.* » Mais Louis Bernard insiste : le temps est venu, dit-il, de nommer à ce poste un sous-ministre issu de la direction d'un ministère, ce qui n'a jamais été fait; le temps est venu également que le secrétaire du Conseil du trésor se consacre davantage au développement du personnel de la Fonction publique et à la modernisation de la gestion de l'État, une question que Louis Bernard a à cœur. Pour Roland Arpin, la confiance de Louis

Bernard, la perspective de participer au développement de la ressource humaine, et sans doute le désir secret de prouver qu'un humaniste peut fort bien être efficace dans un organisme qui a souvent privilégié les chiffres et la technique, constituent autant de raisons d'accepter le défi.

Roland Arpin partage dès lors son temps entre des dossiers portant sur le contrôle budgétaire, la gestion des ressources humaines du gouvernement et le dossier des relations de travail et des négociations collectives du secteur public et parapublic. Le rythme de travail est intense. Le Conseil siège tous les mardis, depuis neuf heures du matin jusqu'à l'épuisement d'un ordre du jour toujours très lourd. « *Même si le Conseil du trésor a atténué son intervention dans la gestion gouvernementale, c'est encore 5228 dossiers qui sont passés sur la table en 1982-1983, soit plus d'une centaine par séance.* » Cela exige de la part des fameux analystes du Conseil du trésor une capacité de travail et une compétence à propos de laquelle Roland Arpin ne tarit pas d'éloges : « *J'ai connu là des hommes et des femmes engagés et compétents comme j'en ai rarement vu dans ma vie. Il ne faut pas oublier que l'équipe du secrétariat du Conseil du trésor est restreinte et que les professionnels qui y travaillent ont affaire à des experts de grand calibre au sein des ministères. Leurs analyses et recommandations sont transmises aux "ministères clients". Si l'expression "évaluation de la qualité" veut encore dire quelque chose, on peut l'appliquer au personnel du secrétariat du Conseil du trésor, qui se trouve souvent dans des situations difficiles.* »

Pour Roland Arpin, les dossiers ne prennent jamais le pas sur les relations humaines, les responsabilités croissantes ne semblent pas lui monter à la tête. Il apparaît avant tout conscient de ses devoirs, préoccupé de la meilleure façon de les remplir. « *Secrétaire du Conseil du trésor, c'est un poste passionnant, mais qui demande une bonne santé mentale. Si celui qui occupe ce poste fait un "ego trip", comme disent les jeunes, cela peut devenir insupportable pour les clients qu'il doit servir. Ces clients, c'est le Conseil du trésor d'abord, mais ce sont aussi ses collègues sous-ministres qui ont besoin d'avoir l'heure juste sur les motifs qui justifient les décisions du Conseil et sur la manière de présenter de nouveau la demande, si cela est souhaitable. Certains mardis soirs, j'ai trouvé pénible la solitude dans laquelle je me retrouvais en voyant sur mon bureau dix ou quinze messages de collègues sous-ministres qui me disaient : "J'attends ton coup de téléphone sur tel dossier, la décision du Conseil nous place dans une situation intenable, vous ne semblez pas être conscient des conséquences de votre refus !"* » Roland Arpin se voit alors coincé entre l'arbre et l'écorce. Il est difficile, et même souvent impossible, d'expliquer à ces sous-ministres le cadre plus large dans lequel une décision a dû être prise. Les délibérations des ministres n'ont pas à être révélées par le menu détail à des collègues, même si on les estime au plus haut point. C'est donc dire que le secrétaire du Conseil doit jouir d'une grande crédibilité auprès de ses confrères sous-ministres.

Parmi les multiples dossiers qui retiendront l'attention de Roland Arpin, deux semblent particulièrement révélateurs de sa façon de gérer. Le premier, celui des relations de travail, montrera qu'il peut aller au bout d'une idée en ne craignant pas de s'attirer des inimitiés et en restant fidèle à des valeurs de devoir et de loyauté envers l'employeur; le second nous montrera plutôt un Roland Arpin qui sait que le compromis est parfois la meilleure des solutions.

LES RELATIONS DE TRAVAIL

Le mandat de la gestion des relations de travail est préoccupant par son ampleur et ses implications budgétaires et financières. La centralisation des négociations collectives accorde aux employés de l'État un pouvoir considérable et oblige parfois le gouvernement à prendre des décisions très lourdes de conséquence. Ainsi, lors de la dernière ronde de négociations en 1982, le gouvernement a dû régler unilatéralement les conditions de travail des employés rémunérés par l'État, tous secteurs confondus. Il a imposé de sévères décrets, comportant même des diminutions de salaire, qui ont empoisonné les relations de travail. La dernière chose qu'il désire est de se trouver à nouveau dans une telle situation.

Roland Arpin est chargé, avec une équipe de hauts fonctionnaires placée sous la présidence du ministre Michel Clair, de préparer un projet de loi qui permettra d'éviter la répétition du scénario de 1982. Ce n'est pas là une mince tâche. Du côté des milieux syndicaux, l'hostilité encore généralisée rend impossible la concertation, tandis que du côté politique, peu de politiciens veulent appuyer ouvertement un dossier qui risque de les rendre impopulaires. Le pilotage du projet doit donc se faire à la fois avec tact et courage.

Malgré cette conjoncture délicate, le projet de loi finalement élaboré parvient à gagner l'adhésion du Parlement ainsi que du public. Deux modifications parmi plusieurs autres en révèlent l'esprit : l'harmonisation des augmentations de salaire du secteur public avec la croissance du secteur privé, et l'imposition de limites au droit de grève des employés du secteur public (en demandant en particulier que soient garantis les services essentiels). « *Bien sûr, la loi telle qu'adoptée en bout de course présentait des compromis et s'éloignait du projet initial. Mais il n'est pas abusif de dire qu'elle représentait un nouveau départ dans les relations de travail du gouvernement avec la fonction publique et le secteur parapublic. Je ne m'attribue pas de mérite personnel important dans ce dossier, car des experts comme Michel Crête, secrétaire adjoint responsable des relations de travail, et Jean-François Munn, qui lui a succédé, étaient des piliers d'une force absolument exceptionnelle. Ce fut pour moi un plaisir et une chance de les compter parmi mes collaborateurs. Par ailleurs, Michel Clair, le président du Conseil du trésor, était un jeune ministre talentueux et convaincu du bien-fondé de la loi qu'il présentait.* »

LA MODERNISATION DE LA GESTION GOUVERNEMENTALE

L'une des préoccupations du secrétaire général du gouvernement, Louis Bernard, est la modernisation de la gestion gouvernementale. Souhaitant qu'un travail de réflexion systématique soit entrepris à ce sujet, il en confie le mandat à Roland Arpin. Celui-ci trouve la chose extrêmement stimulante, à la fois parce qu'il a toujours apprécié les échanges avec Louis Bernard, mais aussi parce qu'il se sent de plus en plus enclin à réfléchir « *de haut et de loin* », pour reprendre son expression. Il s'entoure d'un groupe-conseil dont les membres, émanant de plusieurs ministères, sont choisis en raison de leur intérêt pour la démarche de réflexion. Le groupe donne un titre-programme à ses travaux : « Pour une rénovation de l'administration publique ». Mais dès le départ, ce programme suscite de la résistance. « *Le titre choisi a déplu un peu à certains collègues. Il me semblait pourtant très adéquat. En effet, rénover, c'est partir d'une base solide pour rendre les choses plus attrayantes, plus utiles, plus fonctionnelles, plus rentables. Rénover l'administration publique, c'est l'adapter à son environnement, c'est revoir les priorités de l'organisation en remettant en lumière des fonctions clés, des cibles bien identifiées, l'utilisation plus rationnelle des ressources; c'est accorder une attention accrue à la culture de l'organisation, aux dynamismes centraux et régionaux, à la qualité des services; c'est tenir compte des acquis, effacer les traces d'usure, remotiver ceux qui doivent donner un sens à l'entreprise, renforcer le sentiment d'appartenance.* »

Le groupe-conseil et son président conduisent leur démarche avec enthousiasme, faisant même, chose inusitée au gouvernement, un sondage auprès de 500 gestionnaires pour obtenir leurs avis et désigner des priorités. Mais c'est peine perdue : le rapport final, comme le programme annoncé, rencontre des résistances presque insurmontables. C'est là un des rares échecs de Roland Arpin, qu'il analyse longuement et avec sérénité : « *Rétrospectivement, je me dis que la démarche a achoppé sur la résistance au changement, mais aussi sur la crainte que suscitait une imputabilité plus grande des hauts fonctionnaires. Il faut aussi dire qu'une démarche de rénovation et de modernisation de la fonction publique ne peut se faire que si elle est appuyée et encouragée au plus haut niveau. Lorsque le document final a été publié, avec l'accord du nouveau président du Conseil du trésor, Paul Gobeil, le contexte avait changé considérablement : un nouveau gouvernement était en place et il était légitime qu'il privilégie ses propres manières de faire; Louis Bernard, qui avait toujours soutenu et encouragé la démarche de travail, avait quitté son poste; les sous-ministres traversaient la difficile période de changement de gouvernement et d'ajustement à des priorités nouvelles. »*

Mais l'accueil pour le moins réservé que reçoit la proposition d'action du secrétaire du Conseil du trésor ne laisse pas celui-ci amer. Pour lui, la réflexion entamée n'est ni caduque ni inutile, posant les jalons pour l'avenir. « *J'étais convaincu que le processus se poursuivrait éventuellement. Et comme de fait, deux ans plus tard, le nouveau secrétaire général du gouvernement a repris le flambeau, quoique différemment. Il a constitué un groupe de travail formé de hauts fonctionnaires et leur a donné le mandat de revoir l'appareil gouvernemental, d'en réduire la taille mais aussi de le rendre plus performant, de le rénover quoi !* » Il n'est donc pas déçu puisque l'avenir lui a donné raison. Il n'en tire pas de vanité, étant surtout satisfait de ne pas avoir travaillé en vain. Une leçon lui reste néanmoins de cet épisode : « *En toute chose, le respect des rythmes de la vie est très important. On pense forcer le jeu, exercer une pression pour accélérer le changement, mais on ne saurait faire tourner brusquement les aiguilles de l'horloge. Les changements viennent à leur heure. Il faut accepter de bon gré de ne faire avancer les choses que de quelques minutes, sans plus.* »

Aujourd'hui, la réflexion de Roland Arpin sur l'administration publique se poursuit autrement, notamment par les nombreuses conférences qu'il est appelé à prononcer sur le sujet. Il s'interroge en particulier sur les leçons que l'administration publique peut tirer des nouvelles tendances qui émergent dans la gestion des entreprises privées, sans pour autant sacrifier ses obligations éthiques. Par exemple, on reconnaît de plus en plus que la compétitivité d'une entreprise repose en grande partie sur ses ressources humaines : celles-ci doivent être motivées et mobilisées, leur expertise doit être mise à contribution dans le processus décisionnel, et l'on doit tenir compte des besoins spécifiques des individus et offrir des formules de travail flexibles. La fonction publique ne devrait-elle pas s'inspirer de ces nouvelles tendances ? Pour Roland Arpin, il est évident que cela entraînerait une révision bénéfique des pratiques. Cela contribuerait à la reconnaissance des contributions individuelles, ouvrant même la voie à une rémunération au mérite pour les fonctionnaires... Il lui semble aussi que la fonction publique devrait s'inspirer du phénomène d'aplatissement des structures hiérarchiques observable dans le secteur privé, ce qui lui permettrait de contrer cette tendance irrésistible à l'expansion caractéristique de la bureaucratie étatique. Des mécanismes comme l'orientation-client et l'évaluation de la qualité, s'ils ont traditionnellement été appliqués à l'entreprise privée, peuvent également venir changer profondément la fonction publique : la notion du contribuable client et même actionnaire reste encore à implanter dans les mentalités, de même que celle d'imputabilité et de reddition des comptes qui va de pair avec la qualité. En fait, la plupart des nouveaux modes de gestion que Roland Arpin voudrait voir se développer se révèlent être de tendance humaniste, visant à réintroduire dans la machine administrative l'individu avec son intelligence et sa passion, ses forces et ses vulnérabilités.

Il demeure par ailleurs très vigilant face à toute confusion entre les fonctions administratives, qui doivent être exercées par les fonctionnaires, et les fonctions politiques, qui appartiennent aux élus. « *De la confusion naquit le chaos* », aime-t-il répéter, dissimulant le caractère pompeux de la formule sous un sourire. « *La fonction publique québécoise repose sur une longue tradition d'indépendance à l'endroit des partis. Toute action qui tend à modifier cet acquis est à bannir. N'a-t-on pas prétendu récemment que les conversations téléphoniques entre hauts fonctionnaires pouvaient être d'intérêt public ? C'est faire preuve d'une ignorance affolante à l'endroit de la fragilité de la démocratie. C'est oublier qu'il existe des régimes politiques qui, ces dernières décennies, ont transformé des pays entiers en tables d'écoute sous le noble prétexte de mieux servir l'intérêt public !* »

Dans sa réflexion, Roland Arpin s'attache souvent à replacer l'administration publique dans une perspective plus large, qui laisse place aux préoccupations pour les problèmes

sociaux et éthiques : le chômage et la pauvreté, le vieillissement de la population, la dette de plus en plus lourde, les
inégalités dans la répartition mondiale des richesses, les problèmes environnementaux, les nouvelles technologies de
reproduction, l'avortement, l'euthanasie, etc. Les changements démographiques, et particulièrement le vieillissement
de la population, font en sorte que les dépenses, dans les
secteurs de la santé et des régimes de retraite, augmenteront
rapidement d'ici vingt et même dix ans. Le niveau d'imposition des particuliers continuera de croître pour financer une
dette qui d'ores et déjà semble devenue incontrôlable tandis
que les sources de revenu de l'État sont pratiquement taries. Si
la productivité n'augmente pas, on assistera à l'installation
d'un chômage structurel qui ne pourra qu'élargir davantage
l'écart entre les riches et les pauvres, créant des classes de
citoyens qui auront plus que jamais besoin du soutien de l'État.
À cause de tous ces facteurs, le secteur public devra redoubler
d'efficacité et rendre des comptes à une population consacrant une part grandissante de ses revenus à financer les
programmes publics. Le devoir de transparence et l'imputabilité des fonctionnaires deviennent dans ce contexte des
notions cruciales. Mais Roland Arpin ne tombe pas non plus
dans les scénarios-catastrophes : ces tendances, si elles sont
décelables, peuvent d'autant mieux être évitées qu'elles sont
déjà prévues. De là, pour lui, la nécessité d'une gestion
publique responsable, soucieuse du long terme et considérant
l'ensemble des enjeux sociaux.

UN DÉSIR DE CHANGEMENT

En 1985, la province va aux urnes encore une fois. Le nouveau
gouvernement est élu sous la bannière du Parti libéral. Dès
l'élection, le secrétaire du Trésor, le sous-ministre du Revenu
et le secrétaire général du gouvernement doivent donner
l'heure juste au nouveau Premier ministre sur l'état des
finances, et en particulier sur l'état du déficit et de la dette

gouvernementale. « *Durant la période électorale, il se dit beaucoup de choses sur l'état des finances de la province. Il est indispensable de faire rapidement le point sur la question dès que le gouvernement est en selle.* » Une réunion a lieu avec le Premier ministre Robert Bourassa, qui reçoit les trois hauts fonctionnaires chaleureusement et qui se met vite au courant des dossiers dont il a une longue pratique.

En tant que haut fonctionnaire, Roland Arpin n'est pas au service d'un parti, mais au service de l'État. « *Le meilleur service que peut rendre au gouvernement un sous-ministre, c'est d'exprimer son indépendance d'esprit et sa capacité critique. Les élus sont entourés de gens qui ont des intérêts à protéger et qui ne trouvent rien de mieux à faire que d'encenser ceux qui détiennent le pouvoir. Les élus d'expérience ne se laissent pas leurrer par ces flatteurs.* » C'est ainsi qu'à l'issue de cette rencontre, Roland Arpin dit au Premier ministre Robert Bourassa : « *Si vous souhaitez nommer un autre secrétaire au Conseil du trésor, je comprendrai très bien votre geste. Vous voudrez peut-être y voir quelqu'un qui est plus versé que moi dans le secteur économique. J'ai d'autres intérêts dont nous pourrions discuter.* » Mais le Premier ministre ne l'entend pas de cette oreille : il compte nommer au Conseil du trésor un jeune ministre à qui il tient à offrir les services d'un fonctionnaire d'expérience. Roland Arpin ne pourrait-il pas demeurer en poste le temps nécessaire pour que son ministre maîtrise tous les dossiers ? Et celui-ci accepte, pour quelque temps encore, de jouer le rôle du second loyal et indispensable.

Il commence pourtant à penser à son avenir, sentant venir le jour où la stimulation qu'il peut trouver dans son travail ne fera plus le poids face au rythme de travail très intense qu'il doit fournir. Il est conscient que ses fonctions lui offrent des compensations. Il a la chance d'acquérir des connaissances qui viennent enrichir sa pensée et sa vision du monde; de plus, il occupe l'une de ces rares positions où il est possible de vraiment faire changer les choses, en respectant bien entendu les balises tracées par le pouvoir politique. « *Les* dossiers d'un gouvernement, c'est un microcosme des grandes questions sociales, économiques et culturelles. Imaginez la somme d'informations et les connaissances que vous confère après quelques années la fréquentation de dossiers sur les transports, l'environnement, la santé, la justice, les communications, l'éducation, les affaires sociales, les affaires municipales... Semaine après semaine, des questions qui ont parfois une portée considérable sont débattues du point de vue de leurs coûts, de leur portée, de leurs effets. » Sa position lui a aussi fourni un poste d'observation privilégié des rouages gouvernementaux. Il a vu de l'intérieur comment fonctionne le monde politique. « Même si les analyses des fonctionnaires ne tiennent pas compte des aspects politiques des questions qu'ils étudient, le secrétaire du Conseil ne saurait occulter complètement cet aspect dans des discussions plus restreintes avec les ministres concernés. Le fait que je me sois toujours refusé à toute allégeance partisane n'avait pas pour effet de me faire ignorer cette variable incontournable du processus de décision gouvernemental. »

Ces compensations n'empêchent pas qu'il ait envie de passer à une autre phase de sa vie professionnelle. Il commence même à penser que le temps est venu pour lui de quitter le gouvernement. Ce n'est pas qu'il se désintéresse de l'administration publique, loin de là, mais les postes qu'il pourrait être appelé à occuper dans les ministères, les régies ou les sociétés d'État ne représentent plus pour lui des défis stimulants. « Et puis, j'avais le goût de travailler plus raisonnablement, de disposer de plus de temps pour la lecture et certains loisirs, de m'occuper davantage de mes cinq petits-fils et petites-filles. La somme de travail et l'abondance des dossiers techniques m'empêchaient de poursuivre des activités intellectuelles et culturelles auxquelles j'ai toujours tenu mordicus. De plus, mes longues années de service m'assuraient d'un bien-être appréciable et me conféraient une liberté de manœuvre dont j'avais le goût de profiter. »

Des projets germent dès ce moment. Certains grands bureaux de consultants manifestent leur intérêt pour l'expérience et le savoir-faire de Roland Arpin. Celui-ci ne se laisse pas attirer. C'est plutôt avec son premier métier qu'il voudrait renouer, l'enseignement, sans doute le seul qu'il ait finalement pratiqué en le modelant sans cesse au cours des ans et en l'adaptant à ses mandats successifs et fort variés. Il se voit bien enseigner dans une faculté d'administration publique : ce serait le couronnement de sa carrière, la réunion de ses deux intérêts longuement mûris. Il pourrait alors continuer à écrire, remplir occasionnellement des contrats de consultation et poursuivre des activités internationales. Il entretient déjà des contacts réguliers avec l'Europe et il entreprend quelques démarches qui semblent vouloir se concrétiser. Nous sommes alors en janvier 1987; il se dit qu'avant la fin de l'année, il aura quitté le gouvernement et sera redevenu professeur. Mais les choses ne se passeront pas tout à fait ainsi...

Retour au Musée

La scène se passe en mai 1987, au bureau du Premier ministre Robert Bourassa. La soirée tire à sa fin, après un souper ayant réuni l'équipe d'experts et de hauts fonctionnaires qui a conduit avec succès la négociation collective. Le Premier ministre est heureux du travail accompli : cette fois, contrairement à ce qui s'était passé lors de la dernière ronde de négociations, les conventions collectives ont été signées dans un climat d'harmonie, sans trop de heurts et surtout sans décret. Il a tenu à souligner sa satisfaction et celle du gouvernement à l'endroit de ses collaborateurs. Le souper a été agréable, tous savourent la détente et le contentement qui accompagnent le sentiment du devoir accompli.

À la fin du souper, Robert Bourassa invite Roland Arpin à son bureau, question de discuter de quelques dossiers particulièrement préoccupants. Au fil de la conversation surgit la question du Musée de la civilisation. La construction du Musée est achevée depuis plusieurs mois, une petite équipe de gestion est en place, mais pourtant, les choses stagnent. La programmation n'est pas arrêtée, et la collaboration avec le ministère des Affaires culturelles semble pour le moins problématique. Le conseil d'administration récemment renouvelé se trouve un peu désemparé à la suite de la démission du directeur général. Le Premier ministre, inquiet de la tournure que semble prendre le dossier, s'en ouvre à Roland Arpin : « *Cette affaire devient délicate... Le syndrome de l'éléphant blanc se profile, ce qui est toujours un bien mauvais départ et un embarras en perspective pour le gouvernement...* »

Mais le Premier ministre a sans doute oublié que son secrétaire du Trésor a été étroitement associé au « Nouveau musée » quelques années auparavant. Pour ce dernier, cette conversation fait ressurgir tout un pan du passé. Spontanément, ses convictions sur l'importance des grandes institutions culturelles lui reviennent, intactes. Il demande au Premier ministre ce qu'il souhaite faire du Musée, et bientôt ne résiste pas au plaisir de plaider : « *Ce projet est un héritage. La conjoncture économique a évolué au cours des cinq dernières années, et votre gouvernement aurait sans doute choisi d'autres priorités que le Musée de la civilisation. Je comprends cela, mais le Musée est là, il est construit, et il recèle un potentiel extraordinaire. Pensez à Expo 67, Monsieur Bourassa. Les Québécois par centaines de milliers y ont découvert le vaste monde, les autres cultures. De grands moyens de communication y ont été mis au service du développement, de l'ouverture aux autres manières de penser, de voir, de vivre.* » Le secrétaire du Trésor se fait convaincant : « *Sans doute qu'un édifice de près de 40 millions de dollars, c'est un gros investissement. Nous ne sommes pas habitués, au Québec, à investir autant dans la culture. Mais après tout, 40 millions, c'est ce que coûte un cégep de taille moyenne, une école universitaire, un centre de recherche.* »

Et les échanges se poursuivent entre les deux hommes qui évoquent le besoin d'ouverture au monde, l'insertion des musées dans le grand mouvement de l'éducation permanente, l'intérêt de mettre en valeur nos racines, notre histoire. « *C'est un bien beau projet, Monsieur Bourassa, que ce Musée de la civilisation. Vous auriez tout intérêt à le faire démarrer rapidement, ce serait une belle réalisation pour le gouvernement et une manière d'exprimer votre préoccupation pour la culture.* » Sans doute un peu surpris par l'enthousiasme de son interlocuteur, le Premier ministre lui dit en souriant : « *C'est à croire que vous pourriez nous rendre le service d'aller ouvrir le Musée, de mettre le train sur ses rails...* » La proposition, faite presque en manière de plaisanterie, aurait pu tomber à plat, et les deux hommes seraient passés au dossier suivant. Mais Roland Arpin la saisit au vol et, de façon spontanée, sans jamais avoir envisagé la chose, dit au Premier ministre qu'il accepterait cette responsabilité. « *Je ne me suis pas posé de question métaphysique, se rappelle-t-il. Je ne me suis pas demandé si le Premier ministre me signalait subtilement qu'il souhaitait me voir quitter le Conseil du trésor. J'avais pleine confiance en Monsieur Bourassa. Les rapports que j'entretenais avec lui me permettaient de réagir sans inquiétude et sans arrière-pensée aucune. J'ai plutôt eu l'impression, et je n'ai jamais pensé autrement depuis cette soirée de 1987, qu'on m'offrait de vivre une aventure professionnelle extraordinaire.* »

En quittant le bureau du Premier ministre ce soir-là, Roland Arpin vient d'amorcer un nouveau virage dans sa carrière : si le conseil d'administration de l'institution le veut, il sera directeur général du Musée de la civilisation.

L'EMBAUCHE

La *Loi sur le Musée de la civilisation* stipule que c'est au conseil d'administration qu'il appartient d'engager le directeur général de l'institution. Le président du conseil récemment nommé par le gouvernement, Roger Décary, a entrepris des discussions avec son conseil et avec la ministre des Affaires culturelles pour trouver un directeur général capable de définir le Musée, d'engager une équipe de direction et du personnel et d'élaborer la programmation. Le temps presse. L'opinion publique commence à juste titre à se demander pourquoi cet immense bloc de verre et de granit construit sur un site magnifique demeure inutile et sans vie. Il faut que les gens de Québec cessent de se heurter à des portes closes. Président de la compagnie d'assurance La Laurentienne, Roger Décary n'est pas homme à attacher son nom à une entreprise mal gérée. En tant que nouveau président, il est déterminé à faire un succès du Musée de la civilisation. Il ne cache pas cependant être un peu désemparé par la situation qui prévaut, et le coup de fil de Roland Arpin arrive à point nommé. Il accepte de le rencontrer.

Les deux hommes ne se connaissent pas. Roland Arpin sait fort bien que Roger Décary, homme d'expérience et administrateur averti, se pose des questions : ce candidat qui lui est proposé par les gens de la hiérarchie politique fera-t-il l'affaire ? N'est-ce pas tout simplement un fonctionnaire en difficulté que l'on souhaite discrètement écarter ? Roland Arpin n'en fait pas mystère avec lui. « *Écoutez, Monsieur Décary, je suis sûr que vous vous interrogez sur mon compte, cela est tout à fait normal et légitime.* » Et les deux hommes parlent longuement du Musée, échangent leurs points de vue, évoquent ce que pourrait devenir l'institution si l'on y mettait la compétence et l'imagination qu'il faut. Un courant de sympathie passe, la confiance mutuelle, qui ne se démentira jamais par la suite, s'installe. Roland Arpin ne veut pas d'un chèque en blanc; il ne veut pas non plus être un éventuel directeur général dont on dira qu'il a été parachuté par le gouvernement. Il insiste auprès de Roger Décary : « *Je serais très heureux de diriger le Musée si nous nous entendons sur les conditions dans lesquelles je travaillerais et si je jouis de la marge de manœuvre indispensable. Je ne suis pas en recherche d'emploi. La plus grande discrétion est nécessaire : vous comprendrez que je ne puis me permettre que des rumeurs sur mon compte circulent sur la Grande-Allée.* » Roger Décary n'a pas à être convaincu de la nécessaire discrétion, et les deux hommes conviennent d'une démarche rapide. Roger Décary consultera quelques personnes très fiables qui connaissent Roland Arpin. Si ces consultations le confirment dans son appréciation, il convoquera le conseil d'administration dans les plus brefs délais. « *C'est aujourd'hui mardi,* dit Roland Arpin. *Donnons-nous jusqu'à vendredi pour clore la transaction.* » Le président du conseil est d'accord.

Roland Arpin a choisi la voie qu'il connaît bien pour l'avoir souvent pratiquée : la franchise et le courage adminis- tratif. Le jour même, à son bureau du Conseil du trésor, il reçoit un appel de Roger Décary. Le conseil d'administration souhaiterait le rencontrer, jeudi en fin d'après-midi, à la Maison Chevalier. Est-il libre ? Il n'hésite pas une seconde : il y sera.

C'est sur la rue du Marché-Champlain, sur la Place Royale, qu'est située la Maison Chevalier – à quelques pas seulement du Musée de la civilisation, qui en assume d'ailleurs la gestion. Ce jeudi-là, c'est l'esprit encore bouillant de ses réflexions des derniers jours que Roland Arpin s'y dirige. Il apprécie cette tension, qui lui procure une clarté d'esprit et une agilité intellectuelle redoublées. Jamais le stress n'a été pour lui un facteur d'inhibition. Il le ressent plutôt comme un élan supplémentaire, comme une pointe d'excitation lui donnant le sentiment de vivre plus intensément, bien qu'il soit capable de se sortir de ses préoccupations lorsqu'elles menacent de devenir contre-productives. Aujourd'hui cependant, il sait qu'il doit demeurer tout entier absorbé, et même habité par ses idées, pour les exposer de la façon la plus convaincante possible aux membres du conseil d'administration. Comment vendre une vision, des convictions, sinon par une passion rigoureusement encadrée par les faits et la raison ? C'est cet équilibre délicat que la tension lui permet d'établir.

Lorsqu'il arrive, les membres du conseil sont déjà réunis dans la salle de conférence. Après une brève présentation, Roger Décary donne la parole à Roland Arpin. Entre le candidat pressenti et ses hôtes, les rôles tendent alors à s'inverser : Roland Arpin prend l'initiative du déroulement de la rencontre, sans timidité, confiant d'avoir un message à livrer.

Dans les jours qui ont précédé la rencontre, il a pris le temps de parcourir une masse très considérable de documents que lui a remis Roger Décary. Sans détour, il donne son impression aux membres du conseil. « *J'ai lu tout cela et j'en ai gardé l'impression que vous voulez faire un sympathique musée provincial avec le Musée de la civilisation. Vous avez en main un édifice prestigieux, situé sur un site exceptionnel, dans une ville non moins exceptionnelle par son histoire* et son *attrait touristique. Je serais prêt à venir y travailler avec vous mais sur une autre échelle, pour mettre sur pied un musée qui rayonnera, qui étonnera et qui fera évoluer la muséologie.* » En pédagogue soucieux de l'efficacité de sa démonstration, il a préparé quelques graphiques sur acétates où il a rapidement esquissé ses idées. Déjà, le concept final du Musée s'y trouve présenté. En quelques phrases, Roland Arpin résume sa vision aux membres du conseil.

La première idée consiste à faire un musée à la fois enraciné dans le contexte québécois et ouvert sur le monde : « *Nous parlerons d'abord et avant tout de nous, comme le font tous les pays. Quand je vais dans un musée au Japon, en France ou en Thaïlande, les gens parlent d'eux. Alors n'ayons pas de scrupules mal placés à le faire sous prétexte qu'il ne faut pas être fermé ou chauvin. Mais nous ne parlerons pas seulement de nous, parce que ça risque d'être une démarche vite limitée. Il faut le faire en se définissant constamment en interaction avec le monde qui nous entoure...* »

La deuxième idée-force est celle d'un musée de type inédit ne reposant pas, comme c'est traditionnellement le cas, sur des collections. « *On n'utilisera pas un musée de près de 40 millions de dollars pour exposer des collections d'outils agraires, de meubles anciens et de costumes traditionnels. Les collections sont des signes intéressants, des traces, mais elles doivent être mises en contexte. On va d'abord parler des gens, de ceux qui visitent le musée. Un musée d'idées, un musée de sensibilité, un musée de la personne.* » Ce qu'imagine Roland Arpin, ce sont des expositions touchant à tous les aspects de l'expérience humaine, qu'il s'agisse d'événements personnels ou historiques, de réalités de haute technologie ou de cultures étrangères, de questions d'éthique ou de divertissement.

La troisième idée majeure touche à des questions proprement muséologiques. Par quels moyens transmettre cette idée d'un Québec en interaction avec le monde entier, engagé dans la grande aventure de la civilisation ? Pour le pédagogue qu'est Roland Arpin, il s'agit d'imaginer des expositions

Musée de la civilisation
CONCEPT

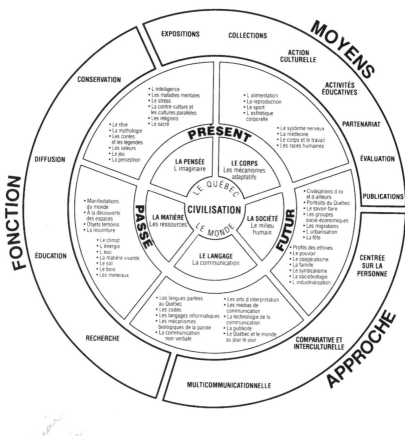

93

interactives traduites dans des thèmes : c'est ainsi que s'effectue tout apprentissage, et que de la multiplicité des expériences humaines, des sentiments et des disciplines intellectuelles peut émerger une unité. Une démarche faisant en sorte que les apprentissages se fassent dans le plaisir et s'articulent autour d'un axe fondamental, voilà comment il conçoit les futures expositions du Musée. Mais ces expositions devront aussi être multidisciplinaires, multicommunicationnelles, c'est-à-dire emprunter une grande diversité de canaux et de moyens, qu'il s'agisse des sons, de la musique, du mouvement, des images, des objets...

Il aborde ensuite un autre point important, qui est en quelque sorte le versant administratif du projet muséal qu'il décrit : l'organisation devra fonctionner par projets, ce qui lui permettra de jouir d'une grande flexibilité. Pour chaque exposition, on créera une équipe qui comprendra un chargé de projet, un conservateur, un designer, un spécialiste si nécessaire et quelques techniciens. Cette autonomie des équipes assurera l'originalité des expositions et empêchera que ne s'installe la lourdeur administrative qui guette toute grande organisation, surtout lorsqu'elle est en majeure partie financée par des fonds publics.

Devant cet exposé, les membres du conseil d'administration demeurent d'abord prudents. La décision de l'embauche leur appartient, mais ils n'en sont pas moins perplexes à l'idée que le candidat qui leur parle provient de la haute fonction publique. Peu à peu cependant, leur prudence cède la place à un certain étonnement. Voilà un homme qui, il y a quelques jours à peine, était à mille lieues du Musée et ignorait complètement qu'il serait engagé dans ce dossier — et pourtant, il en parle comme d'un sujet familier auquel il aurait réfléchi longuement, avec une précision et une flamme séduisantes. Voilà un homme qui sait où il veut aller et qui est prêt à s'investir profondément pour la cause du Musée. À la fin de la rencontre, toute méfiance s'est dissipée. Roland Arpin est engagé. Dorénavant, le conseil d'administration pourra se reposer sur le nouveau directeur général et sur son équipe de direction. La gestion quotidienne se fera là où elle doit se faire, tandis que le conseil assumera les grandes orientations et verra aux contrôles qui incombent à un tel organisme. Roland Arpin prendra en charge la mise en pratique des orientations et s'assurera de la réalisation de la programmation.

LA CONSTRUCTION D'UNE ÉQUIPE

Les jours suivants seront cruciaux pour l'avenir du Musée. *« Dès mes premiers pas comme administrateur, j'ai compris que la plus grande partie du succès des organisations reposait sur la ressource humaine et la matière grise. S'il est un domaine où le leader doit exercer son discernement et faire preuve de vision, c'est bien celui-là. »* Le choix de l'équipe de direction du Musée doit être fait prestement. Une vingtaine d'employés sont déjà en fonction dans un petit édifice de la Place Royale, et quelques personnes occupent provisoirement des fonctions de cadre. Le nouveau directeur réunit tout ce monde pour un petit déjeuner et se fait rassurant pour le personnel technique et de soutien. Une autre rencontre, où ne sont convoqués que les cadres, est ensuite organisée. Roland Arpin annonce à ceux-ci qu'il ne peut conserver l'équipe actuelle puisqu'elle n'a pu, à l'évidence, réaliser le projet de musée. Il compte donc constituer une nouvelle équipe. Son geste n'a rien de vindicatif – d'ailleurs, toutes ces personnes lui sont inconnues, sauf une. Il s'occupera attentivement de leur relocalisation, conscient que la sévérité de sa décision, fondée sur des impératifs d'efficacité et de crédibilité institutionnelle, doit être compensée par l'attention portée aux personnes. Une telle décision, même si elle est difficile à prendre, lui semble indispensable. *« Parmi les qualités essentielles que doit posséder un leader, il y a le courage. Le courage est une forme de compétence, une vertu qui est très rare. Je ne me l'attribue pas nécessairement en disant cela, même si j'essaie autant que possible d'agir de la sorte. Le courage consiste à dire exactement ce que l'on pense, et à le dire correctement, sans mensonge et sans forfanterie – pas à le dire dans un langage tel que les gens ne savent pas au juste ce qui a été dit. Cela demande parfois que l'on prenne des décisions qui peuvent être exigeantes et sévères. C'est de cette façon que l'on peut assainir une organisation et y installer un climat et des rapports de vérité. Cela suppose qu'on soit capable d'admettre ses erreurs, qu'on soit capable aussi de défendre des positions parfois impopulaires. C'est une attitude difficile à tenir, parce que comme tout le monde, le leader veut être aimé. Mais il ne saurait l'être à n'importe quel prix. »*

Roland Arpin s'est assuré auprès du conseil d'administration qu'il disposera de toute la marge de manœuvre nécessaire dans le choix de l'équipe de direction qui aura la lourde tâche d'ouvrir rapidement le Musée et d'en assurer le développement. « *La première décision que j'ai prise, ç'a été de recruter mes adjoints au sein de l'administration publique. Pourquoi ne pas profiter de ce bassin de compétence exceptionnelle et permettre à des fonctionnaires d'occuper des postes intéressants au Musée ?* » Roland Arpin confirme une fois de plus la haute estime qu'il porte aux fonctionnaires de l'État. « *Il était tout à fait normal que je me tourne vers le ministère des Affaires culturelles où était concentré un grand nombre de cadres compétents et sensibles au développement culturel. Grâce à l'appui de la ministre Lise Bacon, les choses sont allées rondement. Certains ont même trouvé que j'y allais un peu fort dans mon enthousiasme !* » C'est effectivement une assez lourde ponction que subit le ministère en faveur du Musée. Guy Boivin (administration), Gérald Grandmont (recherche), Michel Côté (diffusion), Claire Simard (expositions), Jacques Le Barbenchon (immeubles et équipement), voilà une première fournée de cadres dont la réputation n'est plus à faire. Puis s'ajouteront le directeur général du Grand Théâtre de Québec, Yves Lefèbvre, qui prendra la direction des communications et des relations publiques, et finalement Henri Dorion, avocat, géographe, spécialiste des questions géopolitiques concernant les pays de l'Est en particulier, qui a derrière lui une carrière prestigieuse de haut fonctionnaire et d'universitaire. Il aura tout naturellement la charge des activités internationales, des collections et de la recherche.

MUSÉE DE LA CIVILISATION

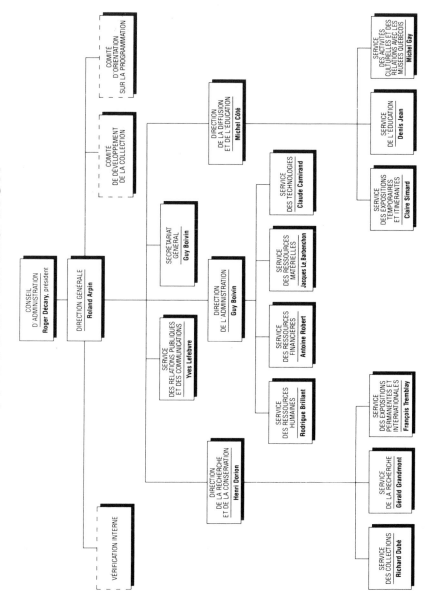

CONSEIL D'ADMINISTRATION
Roger Décary, président

DIRECTION GÉNÉRALE
Roland Arpin

COMITÉ D'ORIENTATION SUR LA PROGRAMMATION

COMITÉ DE DÉVELOPPEMENT DE LA COLLECTION

VÉRIFICATION INTERNE

SECRÉTARIAT GÉNÉRAL
Guy Boivin

SERVICE DES RELATIONS PUBLIQUES ET DES COMMUNICATIONS
Yves Lefebvre

DIRECTION DE LA RECHERCHE ET DE LA CONSERVATION
Henri Dorion

DIRECTION DE L'ADMINISTRATION
Guy Boivin

DIRECTION DE LA DIFFUSION ET DE L'ÉDUCATION
Michel Côté

SERVICE DES RESSOURCES HUMAINES
Rodrigue Brillant

SERVICE DES RESSOURCES FINANCIÈRES
Antoine Robert

SERVICE DES RESSOURCES MATÉRIELLES
Jacques Le Barbenchon

SERVICE DES TECHNOLOGIES
Claude Camirand

SERVICE DES EXPOSITIONS PERMANENTES ET INTERNATIONALES
François Tremblay

SERVICE DE LA RECHERCHE
Gérald Grandmont

SERVICE DES COLLECTIONS
Richard Dubé

SERVICE DES EXPOSITIONS TEMPORAIRES ET ITINÉRANTES
Claire Simard

SERVICE DE L'ÉDUCATION
Denis Jean

SERVICE DES ACTIVITÉS CULTURELLES ET DES RELATIONS AVEC LES MUSÉES QUÉBÉCOIS
Michel Gay

L'équipe initiale est à l'image du Musée que Roland Arpin s'est engagé à mettre en place : dynamique, éclectique, ouverte et très sensible à la diffusion culturelle et à l'éducation. Il lui reste à traduire cette vision généreuse en programmes. Les lignes directrices et le cadre conceptuel sont déjà arrêtés dans un texte d'une trentaine de pages que Roland Arpin a rédigé en quelques jours et qu'il a remis à ses futurs collaborateurs et collaboratrices, lors des rencontres qu'il a tenues pour les inviter à venir travailler au Musée. « *Le temps des commissions et des comités était terminé, c'était maintenant une démarche toute tendue vers la réalisation concrète du projet qu'il fallait conduire. Le document-programme* Concept et orientations du Musée de la civilisation *devait être approuvé par un décret gouvernemental, tout comme la structure administrative et le budget initial. Madame Bacon avait promis de faire diligence dès qu'elle disposerait de nos documents. Son efficacité proverbiale a fait ses preuves une fois de plus.* » Roland Arpin est entré en fonction fin mai; fin juin, toutes les autorisations gouvernementales sont acquises. La balle est maintenant dans le camp de la nouvelle équipe qui s'installe peu à peu dans des locaux provisoires.

PASSER À L'ACTION

C'est une quinzaine de personnes qui sont réunies ce matin de juin à la Maison Chevalier : Roland Arpin lui-même, les nouveaux directeurs qui pour la plupart cumulent encore deux emplois et une poignée de professionnels. Aujourd'hui, on entre dans le concret. La réunion a pour but de planifier une double opération, la préouverture du Musée qui est déjà annoncée pour octobre 1987, et l'ouverture officielle pour octobre 1988. Toute la journée, les idées se bousculent dans une atmosphère effervescente, entrecoupées de plaidoyers vibrants et d'éclats de rire. Il est rare que l'imagination soit vraiment au pouvoir, mais c'est le cas aujourd'hui. Personne ne s'arrête pour l'instant à soupeser longuement les obstacles, c'est la passion et la créativité qui suggèrent les idées et qui guident les échanges. C'est ainsi que naît, par exemple, l'idée

Claudel Huot

Souffrir pour être belle, une exposition du Musée qui a fait époque et qui abordait le thème du « corps ». Le corps, la matière, la société, le langage et la pensée constituent les cinqs grands secteurs qui correspondent à un champ particulier de l'aventure humaine et qu'exploite le Musée de la civilisation.

Une des expositions présentées à l'ouverture du Musée : *Toundra, Taïga*. Une incursion fascinante dans les nombreux aspects de la vie des peuples nordiques du Nouveau-Québec et de la Sibérie. Cette exposition a été présentée à l'extérieur du pays : en Russie.

Claudel Huot

d'une exposition sur la beauté. Thérèse Latour, la conservatrice qui en fait la proposition, suggère même l'expression qui en deviendra le titre : « Souffrir pour être belle ». Puis des critères se précisent, une grille de travail s'esquisse. Le concept retenu pour le Musée fournit des balises : la variété des clientèles à atteindre doit être considérée, les contraintes de coût et d'espace ont aussi leur importance, la diversité des domaines de la connaissance et des approches muséologiques pèse aussi d'un certain poids. Bon nombre de propositions sont retenues pour l'avenir. En quelques jours, la programmation d'ouverture se précise. On y trouvera des expositions dont parlent encore les visiteurs de l'époque : « Mémoires » (qui est encore présentée), « Électrique », « Souffrir pour être belle », « Toundra-Taïga ». En tout, c'est dix expositions qui seront présentées lors de l'ouverture du Musée. « Toundra-Taïga » fera le tour de l'URSS et sera présentée à Moscou et à Leningrad en 1989, ce qui représente pour le tout jeune Musée de la civilisation une entrée enviable dans le circuit des grands musées.

Au fil des discussions sur l'orientation de l'institution, qui se poursuivent d'ailleurs encore aujourd'hui, quelques idées-forces, souvent exprimées par un mot ou une locution, en viennent à constituer des repères guidant l'action. Le processus est d'ailleurs dialectique, puisqu'un mot, choisi parce qu'il semble correspondre à une caractéristique du Musée, devient aussi un guide dans le développement des nouveaux thèmes d'exposition. De ces mots, le premier à émerger est celui de musée pluriel. « *Ça a été pendant un certain temps un mot que nous trouvions intuitivement bien choisi. Puis on s'est mis à meubler cette idée. Un musée pluriel, c'est un musée dont les équipes sont multidisciplinaires. C'est aussi un musée qui présente une variété de types d'expositions : des expositions-synthèses, des expositions-réflexions, des expositions-essais.* » L'idée de vision interculturelle est aussi au centre des préoccupations du Musée. Cela comprend le croisement des cultures au sens ethnologique traditionnel, mais aussi le métissage des savoirs contemporains de la science et des humanités. Ces idées-forces présentent cependant des dangers face auxquels Roland Arpin demeure vigilant : « *Il faut pouvoir rallier les gens autour de telles idées-forces, mais être aussi très attentif à ce que ces ralliements ne se transforment pas en une idéologie réductrice ou en un credo hors duquel on devient hérétique. J'ai trop souffert du ratatinement idéologique des années 68 pour ne pas rester sur mes gardes.* »

UNE GESTION INNOVATRICE

La longue fréquentation de l'administration publique est pour Roland Arpin un atout précieux dans l'organisation du Musée et la définition de ses règles de fonctionnement. Il connaît les contraintes et les exigences de la gestion de fonds publics, et il est convaincu de la nécessité de la rigueur, de la transparence, de l'importance de rendre des comptes. Ces paramètres de la bonne gestion n'empêchent pas Roland Arpin de vouloir développer pour le Musée des modes de gestion plus innovateurs. « *Contrairement à ce qu'on entend souvent dire, la souplesse et l'innovation sont possibles dans l'administration publique, et dès le départ j'ai voulu utiliser cette marge de manœuvre pour développer des pratiques souples et efficaces.* » Dans son souci de toujours bien faire connaître les règles du jeu ayant cours dans l'organisation, Roland Arpin prépare à l'intention du personnel un fascicule intitulé *Organisation, principes et pratiques de gestion*. Il y prône une gestion innovatrice, mais où l'innovation se fait avant tout en rapport avec les règles et les orientations institutionnelles. « *Cette innovation dans la gestion du Musée s'exprime de plusieurs façons. D'abord par la gestion par projets, une pratique peu commune dans les musées. Chaque exposition s'inscrit dans un thème et chaque thème est confié à une équipe de projet qui assure l'intégration et la synchronisation des activités. Une telle approche fait appel à l'esprit institutionnel plutôt qu'au vedettariat individuel, ce qui n'est pas facile !* » Cette approche a amené l'organisation à créer une nouvelle fonction, celle de chargé de projet. Spécialiste de la communication muséologique, le chargé de projet doit voir à ce que soient respectées les orientations que la direction du Musée a définies pour l'exposition dont il est responsable; il veille à la réalisation de l'exposition et dirige l'équipe d'exposition, une équipe polyvalente et multidisciplinaire qui reste en place jusqu'à l'ouverture de l'exposition. Il n'est pas rare de voir au Musée plus de vingt-cinq équipes travailler simultanément à autant de projets, chacun à un stade différent d'achèvement; certaines personnes participent évidemment à plusieurs projets à la fois. C'est sans aucun doute grâce à une telle structure qu'en trois ans, l'institution a pu préparer et présenter plus de soixante expositions.

Pour Roland Arpin, les services administratifs internes d'une organisation doivent avant tout contribuer à la réalisation de la mission de l'entreprise. Cette question lui tient particulièrement à cœur, sa carrière dans la fonction publique lui ayant clairement montré les conséquences que pouvait avoir pour une organisation la fermeture sur soi. « *Si j'avais un reproche à faire à l'administration publique, je dirais que trop souvent les services de soutien qu'on y développe travaillent pour eux-mêmes et deviennent des obstacles additionnels à franchir pour les services-clients.* » Il a voulu éviter que son organisation ne prenne cette tangente. « *Au Musée, les services financiers, le service du personnel, de design ou de technologie servent des clients internes, mais ils sont conscients de leur impact sur la qualité des services aux visiteurs.* » Le Musée se veut ainsi centré sur la diffusion culturelle et sur le service de qualité à l'endroit des visiteurs, orientations de gestion qui contribuent sans aucun doute au taux de fréquentation élevé que connaît l'institution.

Le Musée dispose d'un personnel compétent dans plusieurs domaines : chargés de projet, conservateurs, agents de recherche, animateurs, designers, spécialistes de l'audiovisuel ou des communications sont autant de précieuses ressources humaines sur lesquelles reposent les projets. L'administration décentralisée du Musée permet à chaque équipe, et même à chaque chargé de projet, de conserver sa personnalité propre et d'exercer une réelle influence sur les divers

produits culturels et muséologiques. Cette structure n'empêche cependant pas le Musée de favoriser aussi les influences
extérieures et de profiter des savoir-faire disponibles. C'est
ainsi qu'il ouvre ses portes à des experts qui lui apportent les
indispensables compléments scientifiques et techniques ali-
mentant les nombreux thèmes des expositions. « *Un musée qui
a pris le parti "d'exposer des idées" en se servant d'objets se donne de grands
défis. Nous avons donc développé une politique du "faire faire" qui assure au
Musée une plus grande diversité dans la créativité et une plus grande profondeur dans la recherche documentaire. Cette approche permet surtout de faire
appel aux meilleurs spécialistes et d'enrichir par conséquent les équipes du
Musée.* » Mieux servir le public, assurer la plus grande qualité
au produit muséal, stimuler le personnel, ces préoccupations
ponctuent sans cesse la pratique de Roland Arpin.

LES DÉBUTS D'UNE HISTOIRE D'AMOUR

C'est d'ailleurs cette préoccupation à l'endroit des futurs
clients du Musée, notamment ceux de Québec et des alen-
tours, qui pousse Roland Arpin à décider qu'une préouverture
aura lieu en octobre 1987. Cette décision est rien moins
qu'audacieuse : non seulement l'équipe du Musée doit-elle
mobiliser toute son énergie pour l'ouverture officielle prévue
pour octobre 1988, mais des travaux d'aménagement intérieur
d'une valeur d'environ six millions de dollars doivent encore
être précisés et menés à terme. « *C'était un peu fou, je l'admets.
Mais la patience du monde a des limites ! Je me disais que le temps était venu
d'ouvrir toutes grandes les portes de ce magnifique édifice pour que les gens
se l'approprient. Dès le début, nous nous sommes dit que la population de
Québec et son Musée devaient vivre au cours des prochains mois une
véritable histoire d'amour.* »

Cinq mois plus tard, l'équipe du Musée a gagné haut la
main ce marathon organisationnel : la préouverture est prête,
et se fera au cours de quelques fins de semaine « portes ouvertes ». Les visiteurs de la ville de Québec et des environs,
curieux depuis longtemps de découvrir ce Musée, se pressent

aux portes. C'est 40 000 personnes qui bénéficieront ainsi de cet accueil privilégié. L'intérieur du Musée est inachevé, le sol laisse encore voir le béton par endroits, l'éclairage temporaire évoque l'arrière-scène d'un théâtre, mais une atmosphère de fête règne, justement peut-être à cause de cette joyeuse anarchie. Partout, des visiteurs se promènent et découvrent les recoins et les entrailles du bâtiment : chaufferies, salles de pré-climatisation, ateliers, entrepôts, voûtes, immenses couloirs du sous-sol... De surcroît, trois expositions de circonstance sont présentées. Elles illustrent déjà certains choix fondamentaux du Musée en gestation.

La première de ces expositions s'intitule « Premier contact ». Elle présente diverses approches et pratiques de la muséologie actuelle, et explique sommairement ce que sera ce musée thématique : vivant, varié et adapté aux goûts et aux besoins de tous ses publics. La seconde exposition rend hommage à ces musées qui, bien avant la création du Musée de la civilisation, ont accompli un travail important et ont développé la muséologie partout sur le territoire du Québec. Le titre de cette grande exposition, « 38 + 1 », résume son propos : dans un décor à la fois original et sobre, elle présente trente-huit objets choisis par chacun des musées frères, qui saluent à leur manière l'arrivée du nouveau musée. Enfin, « Hommage aux bâtisseurs » souligne le mérite et le savoir-faire des centaines d'ouvriers et de travailleurs qui ont œuvré à l'érection de ce Musée à l'architecture audacieuse qui les a obligés à relever de multiples défis techniques. Ces trois expositions, si elles illustrent la vocation du Musée dans toute sa diversité, sont aussi révélatrices de la façon de gérer de Roland Arpin. La première exposition a une portée pédagogique; elle vise à bien illustrer la manière de communiquer privilégiée par le Musée. La deuxième se veut un coup de chapeau aux musées québécois, qui sont à la fois heureux et inquiets de la création d'un aussi grand musée. Le signal qui leur est adressé est clair : nous travaillerons avec vous. Par la troisième exposition, « Hommage aux bâtisseurs », le Musée affirme sans détour son désir de s'adresser à toutes les couches de la population et sa manière bien concrète de définir les faits de civilisation, non seulement à travers les grands phénomènes, mais aussi à travers l'activité humaine au quotidien.

Une soirée spéciale sera consacrée aux bâtisseurs du Musée et à leurs familles durant la préouverture. « *Il fallait voir avec quelle fierté les ouvriers montraient à leurs enfants, leurs conjoints ou leurs conjointes, les boiseries, le travail de maçonnerie, les chaufferies, les larges fenêtres, en soulignant quelles difficultés ils avaient dû affronter et quelle part ils avaient prise à la réalisation de cette grande œuvre.* » Roland Arpin garde de ces fêtes de préouverture un souvenir presque magique. Il considère qu'elles auront permis non seulement d'amorcer une histoire d'amour durable avec les Québécois, mais de souder une équipe qui n'avait que quelques mois de vie commune. « *Aujourd'hui encore, le personnel du Musée exprime sa nostalgie de ces années devenues mythiques pour ceux qui les ont vécues.* »

L'OUVERTURE

C'est le 19 octobre 1988 que le Musée de la civilisation ouvre officiellement ses portes. Non seulement la finition du bâtiment et le montage des expositions sont-ils entièrement achevés, mais tout le personnel d'accueil est formé et prêt à recevoir les visiteurs.

Il faut souligner comment se fait l'accueil au Musée. « *À quoi servirait-il de s'afficher comme un musée de la personne et de l'aventure humaine si nos visiteurs avaient le sentiment d'arriver simplement dans une place publique ou dans un centre commercial en entrant au Musée de la civilisation ?* » Dès son entrée au Musée, le visiteur est accueilli, on le salue, on lui fournit quelques informations sur la programmation en cours. Ce premier geste d'accueil est suivi de plusieurs autres. Les préposés à la billetterie, les guides, les agents de sécurité, bref, l'ensemble du personnel partage la philosophie selon laquelle le Musée privilégie des rapports humains chaleureux.

LA MISSION ÉDUCATIVE DU MUSÉE DE LA CIVILISATION SE TRADUIT
TANT PAR DES ATELIERS ÉDUCATIFS QUE DES ESPACES « DÉCOUVERTE » PRÉSENTÉS
EN PROLONGEMENT DES EXPOSITIONS. DANS CES ATELIERS, LE PUBLIC, LES JEUNES EN PARTICULIER,
EST APPELÉ À DÉCOUVRIR TEL OU TEL PHÉNOMÈNE PAR LA MANIPULATION D'OBJETS, ETC.

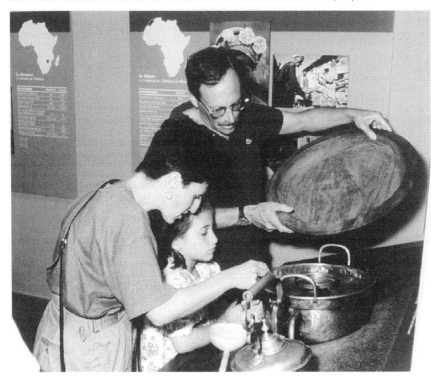

PIERRE SOULARD

A) L'ESPACE « DÉCOUVERTE » INTITULÉ *LE MONDE À DÉJEUNER* PRÉSENTÉ À L'OCCASION DE
L'EXPOSITION *ÊTRE DANS SON ASSIETTE*, (1991-1992)

Pierre Soulard

b) Un atelier éducatif présenté à l'occasion de l'exposition *Voyages et voyageurs* (1992)

Pierre Soulard

c) L'atelier Faire parler les sons présenté à l'occasion de l'exposition *Messages* (1990).

107

Dès les premières semaines, le public répond avec un enthousiasme qui ne se démentira pas. Au terme de sa première année de fonctionnement, le Musée, qui avait prévu accueillir 300 000 visiteurs, en aura vu défiler plus de 750 000 – des visiteurs solitaires ou en famille, mais aussi de nombreux groupes, qu'il s'agisse de classes du primaire ou du secondaire, de groupes de personnes du troisième âge ou de visites culturelles organisées. Depuis ce temps, l'histoire d'amour continue. La clientèle, qui au début était constituée pour la majeure partie d'habitants de la ville de Québec, provient maintenant de plus en plus des régions et de Montréal. Le Musée de la civilisation est devenu un arrêt obligé pour le visiteur de la Vieille Capitale.

La préoccupation pour le client se manifeste aussi dans divers mécanismes qui se sont développés graduellement, au fil des échanges avec le public. « *Dès les premiers jours, nous avons voulu connaître nos clientèles, savoir d'où venaient nos visiteurs, à quoi ils s'attendaient, ce qu'ils souhaitaient voir et connaître. Nous nous sommes aussi préoccupés de leur bien-être. Il est important par exemple de prévoir des espaces de repos dans les grandes expositions, ou encore d'assurer une bonne visibilité des textes explicatifs. Avec le temps, nous avons multiplié les activités d'accueil, les fêtes populaires, les actions d'animation culturelle.* »

Cette importance accordée au client, qui fait en sorte que le Musée est tourné vers l'extérieur, se reflète aussi dans le type de marketing qu'il adopte. Contrairement à l'approche traditionnelle privilégiée par la plupart des institutions muséologiques, le Musée de la civilisation a recours à une publicité dynamique, qui rejoint par son humour et son caractère accrocheur : publicité choc à la télévision, panneaux-réclames sur les autobus, campagnes de promotion visant des clientèles spécifiques, etc. Les rapports personnalisés sont aussi au cœur de la démarche de marketing de l'institution. Un exemple parmi d'autres : dans une ville comme Québec où l'activité touristique est très importante, les chauffeurs de taxi peuvent jouer un rôle déterminant dans la promotion du

Musée. Ils ont donc été invités à une petite réception où on leur a fourni de l'information et donné des dépliants pour leurs passagers. Ce geste en a fait ce que Roland Arpin appelle des « *alliés naturels du Musée* ». Cette façon de faire dépasse largement le cadre des bonnes relations publiques ; elle repose avant tout sur l'empathie que Roland Arpin pratique à l'endroit des personnes et sur la convivialité qu'il veut voir se développer au sein du Musée. Les fêtes d'ouverture du Musée furent pour lui l'occasion d'appliquer ces principes. La soirée d'ouverture officielle fut précédée de plusieurs grandes célébrations populaires. Ces fêtes furent l'occasion de faire passer un message important : « *C'est un musée "pour le monde" que nous souhaitions développer, et ce, dans les deux sens de l'expression : "le monde" comme les gens, et "le monde" comme la planète. En nous associant, par exemple, à l'Association des électriciens du Québec dans l'organisation d'une grande soirée pour ses membres, nous voulions signifier clairement que le Musée s'adressait aussi aux ouvriers, aux travailleurs et aux travailleuses de tous les milieux.* » Roland Arpin n'ignore pas que de tels gestes ont valeur de symbole, et il accorde à ces « petites choses » la même importance qu'il attache aux orientations plus générales de l'institution. Ajoutons que la convivialité, les rapports chaleureux et l'ouverture aux autres sont prisés par Roland Arpin non seulement au plan professionnel, mais aussi dans sa vie privée. Il ne s'agit pas ici seulement de relations publiques, mais bien de rapports humains.

Les médias se font rapidement l'écho de la popularité de la nouvelle institution, qui dès le départ semble aller de pair avec celle de son directeur : articles du *Devoir* sur Roland Arpin, « son » Musée et « sa » politique culturelle (mai 1991), cahier spécial de *La Presse* consacré au Musée (mai 1992), article du *Globe and Mail* (janvier 1992), deux articles de *L'Actualité* (janvier 1990 et novembre 1991), article du journal *Voir* (automne 1992). Sur le plan international, *Le Monde* consacre en janvier 1992 un long article très élogieux au Musée de la civilisation, tandis que paraît dans une publication spécialisée

PIERRE SOULARD

ROLAND ARPIN FÉLICITE UNE « AMIE DU MUSÉE » À L'OCCASION D'UNE SOIRÉE
SOULIGNANT L'OUVERTURE OFFICIELLE DU MUSÉE DE LA CIVILISATION. (OCTOBRE 1988).

LE MUSÉE DE LA CIVILISATION FAIT CONNAÎTRE SES ACTIVITÉS AU GRAND PUBLIC
PAR DES GESTES DE RELATIONS PUBLIQUES MAIS ÉGALEMENT, EN FONCTION DE SES MOYENS,
PAR DE LA PUBLICITÉ À LA TÉLÉVISION, À LA RADIO, DANS LES JOURNAUX ET,
POURQUOI PAS SUR DES PANNEAUX D'AUTOBUS !

mais non moins prestigieuse, *La lettre des Musées de France*, une entrevue avec Roland Arpin.

Dans les milieux muséologiques internationaux, le Musée de la civilisation possède déjà une certaine notoriété. Les milieux les plus ouverts le reconnaissent pour la muséologie innovatrice dont il s'est fait le leader. Plusieurs musées en développement ou en redéfinition demandent la collaboration du Musée de la civilisation. Roland Arpin est le premier directeur de « musée de société » (par opposition à « musée d'art ») à être invité à présenter son institution dans le cadre de la série *Musée-musées* au Louvre. Enfin, prestigieuse reconnaissance, le directeur des Musées de France, Jacques Sallois, demande à Roland Arpin de procéder à un audit du Musée des Arts et Traditions populaires situé à Paris. Ce musée, œuvre et héritage du grand Georges-Henri Rivière, avait connu un déclin marqué au cours des années antérieures. Assisté de Michel Côté, le directeur du Musée de la civilisation réalise ce mandat au terme de quelques visites au cours desquelles il associe étroitement à sa démarche le personnel un peu inquiet du célèbre musée français. « *Au cours de mes années en éducation, j'ai pu lire de multiples ouvrages de pédagogie, de didactique des diverses matières, de docimologie. Les muséologues, pour leur part, appartiennent davantage au milieu des historiens d'art. Ils conduisent peu de réflexion sur ce que j'appelle la muséopédagogie. La diffusion, la communication avec les publics, la vulgarisation scientifique prennent encore trop peu de place dans leur pratique. Ce grand musée français, créé par un humaniste et un pédagogue remarquable, m'est apparu avoir perdu son âme sous la pression de spécialistes coupés des visiteurs et de doctrinaires attachés avec excès à la pensée d'un fondateur devenu, au fil des ans, un gourou qu'il n'aurait jamais accepté d'être. Ainsi se perd dans beaucoup d'institutions l'esprit dans lequel elles ont été créées.* »

Roland Arpin tire des leçons de cette incursion dans une grande institution française : « *Dans une organisation, il arrive un moment où les objectifs sont atteints, où la fleur est passée fruit. Il faut alors faire un pas en avant, au risque de bousculer certaines personnes, même prestigieuses et importantes. Il faut que l'innovation, l'ouverture d'esprit, la sensibilité aux besoins nouveaux et en évolution des clientèles s'installent à demeure dans l'organisation. Mais cette innovation n'est pas une fin en soi, elle résulte de l'évaluation des besoins.* » Voilà un mode de pensée qui appartient davantage au développeur et au bâtisseur qu'au haut fonctionnaire que fut Roland Arpin de 1973 à 1987.

Il est évident qu'il existe, selon les termes mêmes de Roland Arpin, un « *étroit rapport entre la vision culturelle du Musée, qui place la personne au cœur de la civilisation, et la vision institutionnelle, qui place la personne au cœur de ses préoccupations organisationnelles.* » À quoi ressemble cette gestion, comment s'actualise-t-elle dans la vie quotidienne ? On peut dire dès l'abord qu'elle n'est pas tant issue de préceptes théoriques que du savoir pratique accumulé au fil des expériences de pédagogue, de dirigeant et de haut fonctionnaire. Mais quoi de mieux que de passer une journée dans la vie de l'homme pour constater, de façon empirique, ce lien organique entre la mission du Musée et le type de gestion qu'il y privilégie...

Gérer au quotidien

Six heures trente. L'été, à l'époque du solstice, la lumière est déjà pleine, tout juste un peu grise encore, tandis que l'hiver, ce n'est pas du ciel mais de la neige qu'émane la faible luminosité qui annonce l'aube. C'est à cette heure qu'en toute saison, Roland Arpin se lève. Depuis vingt ans, il sacrifie au même rituel matinal : une longue promenade où il va d'un bon pas, peu attentif au trajet toujours semblable que, depuis le temps, ses pieds en sont venus à emprunter instinctivement. Il laisse son corps bouger machinalement alors qu'il pense à sa journée. Il ne s'arrête pas aux détails de son ordre du jour – il aura du temps pour cela plus tard –, mais à des idées qu'il organise, à telle rencontre qu'il prépare, à tel collègue avec lequel il doit clarifier des situations difficiles, à tel texte qu'il achève. Et surtout il marche, respire à fond, s'oxygène, s'éveille l'esprit. Cela dure trois quarts d'heure. Quand il rentre chez lui, le soleil, quelle que soit la saison, a eu le temps de se lever. Détendu et alerte à la fois, Roland Arpin commence sa journée.

ÉCRIRE ET LIRE : L'ESPRIT EN MOUVEMENT

Il arrive souvent assez tôt au Musée. Les locaux administratifs sont situés dans une des maisons historiques intégrées au bâtiment, magnifiquement restaurée et mise en valeur : planchers et poutres apparentes de bois franc, murs de pierre, foyers et meubles anciens donnent à l'ensemble un cachet unique, à la rusticité duquel font contrepoint quelques meubles aux lignes modernes. C'est dans une grande pièce, aux murs ornés de boiseries du XVIIIᵉ siècle et aux vastes fenêtres, que se trouve le bureau de Roland Arpin. Le lieu est peuplé d'œuvres d'art et de souvenirs de voyage – tableaux, masques africains, sculptures – qui confèrent à la pièce une atmosphère de raffinement et d'intimité vivante, où est tout entière exprimée la personnalité de l'occupant des lieux. S'il le peut, c'est là que Roland Arpin passe les premières heures de sa journée. Point de bruit encore ; le téléphone est muet, les divers rendez-vous viendront plus tard. Il peut alors mieux se concentrer pour écrire et lire, deux activités privilégiées de ces moments tranquilles.

On ne peut qu'être étonné par l'abondance des textes écrits par Roland Arpin au cours des dix dernières années. Les quelque 2500 pages de textes de conférences, d'articles et d'allocutions sont rangées dans une dizaine de gros cahiers classeurs. « *J'ai non seulement la passion de la communication, mais aussi celle de l'écriture. Écrire, pour moi, c'est d'abord clarifier mes idées, les approfondir par des essais successifs, comme l'artisan qui répète cent fois un geste apparemment analogue, mais à chaque fois différent. De plus, prendre la peine de rédiger mes interventions, même sur des sujets qui me sont devenus familiers, c'est exprimer le respect dû à mes auditoires.* »

On sait que les hauts fonctionnaires se tiennent éloignés du débat politique. Leur crédibilité et leur sécurité professionnelle sont tributaires du respect qu'ils professent à l'endroit de leur devoir de réserve et, dans le cas des sous-ministres, de leur serment d'office. Aujourd'hui, pour Roland Arpin, la situation a changé. « *En quittant la haute fonction publique, j'ai retrouvé une liberté de parole et d'expression que j'avais accepté de placer sous le boisseau durant douze ans — ce qui ne me dispense pas d'exercer le discernement et la prudence qui conviennent à un dirigeant de société d'État. Je continue d'ailleurs à me situer en zone libre pour ce qui concerne les opinions partisanes, mais je dispose d'une marge de liberté nouvelle que j'apprécie et que j'utilise. »* En politique comme en éducation, en gestion ou en culture, Roland Arpin tient à garder cette marge de manœuvre, à conserver son droit de parole. Il ne veut appartenir à aucun groupe et se laisser laminer par aucune idéologie. *« J'ai toujours détesté porter des insignes sous toutes leurs formes : boutonnière, cocarde de congressiste, habit de soirée... Je me laisse aussi difficilement convaincre d'adhérer à un regroupement, une association, tout comme je n'aime pas l'abus de drapeaux et autres signes de ralliement. »* Et lorsqu'on lui fait remarquer qu'il n'en porte pas moins la boutonnière dorée du Musée de la civilisation, il sourit et explique : *« Oui, et c'est la première fois de ma vie que je le fais avec plaisir. Sans doute parce que cette boutonnière est réservée strictement aux employés du Musée, qui en sont bien fiers. »*

Les auditoires auxquels s'adresse Roland Arpin sont extrêmement variés : directeurs de police des villes, gestionnaires publics et privés, cadres du milieu de la santé et des affaires sociales, enseignants et infirmières, directeurs des municipalités, maires, cadres scolaires. Les titres de certaines de ses interventions expriment bien son désir d'embrasser un large horizon : *Demain l'an 2000 : quelques questions préoccupantes pour les administrateurs publics, Quelques défis pour des services de la sécurité publique qui se préparent à l'an 2000, Une ville en santé dans une société en mouvance, Quelques enjeux pour les administrateurs publics, Bien lire le présent pour décoder l'avenir,* etc. Voir venir les changements, en juguler les effets négatifs, en tirer profit pour l'action, en comprendre les sens et en découvrir les racines, telle semble être la grande préoccupation de Roland Arpin dans ces moments où il se fait philosophe. Il dira d'ailleurs : *« Que l'on discute aujourd'hui de politique, de religion ou d'esthétique, on trouve rarement quelqu'un qui avance une opinion forte et qui s'y tient. Nous vivons une époque où les programmes politiques tout comme les valeurs*

morales et éthiques sont interchangeables; les vrais affrontements intellec-
tuels, ceux qui font avancer la pensée et qui forcent les personnes à prendre
position, sont devenus rarissimes. Les talk shows et les entrevues de monsieur-
tout-le-monde ont remplacé Point de mire *et* Le Sel de la semaine
depuis belle lurette ! La philosophie a perdu son âme dans la langue de bois
et dans la dilution de ses contenus. On a oublié qu'elle consiste à faire
acquérir la connaissance par la raison, que cette approche se réfère d'abord
aux causes premières, à la réalité absolue, aux fondements et aux valeurs
humaines. Il faut espérer que sonnera le réveil et que les philosophes repren-
dront leur place dans la Cité. Le pouvoir a largement été détenu, ces dernières
décennies, par des gens de loi, des avocats. Les grands problèmes actuels ne
sont pas de l'ordre du droit, ils sont d'ordre philosophique, éthique, moral.
Redistribuer la richesse, léguer à nos enfants une planète en santé, prendre
soin de nos personnes âgées, assurer l'intégration des classes sociales, des
immigrants, aider le tiers-monde sont des responsabilités qui ne sauraient être
assumées à la lumière exclusive de lois et de normes. Et l'absence de femmes
aux postes de commande se fait cruellement sentir lorsqu'on parle de ces
questions. Il est alors des manières de voir et de faire, des expériences et des
sensibilités particulières, qui sont complètement absentes des décisions
politiques. C'est une grave carence. »

Au Musée même, les questions sociales trouvent leur
place à travers les thèmes des expositions et les activités culturelles. Certaines expositions témoignent plus particulièrement
de cette réflexion sur les grandes questions de l'heure
qu'audacieusement, le Musée de la civilisation ose aborder à
travers une muséographie inédite : « Souffrir pour être belle »
(1989), « Familles » (1989), « Éphémère » (1990), « Histoire
d'amour et d'éprouvettes ». À ces expositions s'ajoutent de
grandes conférences sur des questions préoccupantes : l'environnement, le pouvoir de la communication, les grands enjeux
Nord-Sud, le développement scientifique et technologique,
la montée de l'intégrisme religieux, etc.

Roland Arpin semble écrire sur bien des sujets et intervenir sur bien des questions. Une lecture attentive de ces
centaines de feuillets révèle toutefois des lignes de force. De

nombreux textes portent sur l'administration publique, un sujet que Roland Arpin a connu de l'intérieur et qui, même maintenant qu'il s'en trouve à moitié détaché, continue de le préoccuper. Il fait aussi de l'éducation l'un de ses thèmes privilégiés, n'ayant jamais tourné le dos à son passé d'éducateur et de pédagogue. Mais de quelque sujet qu'il traite, Roland Arpin le replace toujours dans un contexte large, où sont prises en compte des problématiques comme le vieillissement de la population, l'endettement des gouvernements, la répartition de la richesse, la mobilité des populations, la transmission des valeurs, toutes choses qui lui tiennent à cœur. Avec les années, son intérêt pour ces vastes problématiques a valu à Roland Arpin une renommée d'homme de la Renaissance, possédant une culture considérable touchant à tous les domaines. Il garde une certaine modestie face à cette gloire, ne la niant pas, mais la relativisant : ce n'est pas lui qui se trouve bien haut, pense-t-il, mais le niveau culturel général qui se trouve bien bas. « *Ce qui me frappe, c'est que la désespérance est si grande que la moindre lueur nous apparaît comme un phare. Il me semble que nous sommes à une sorte de degré zéro dans nos réflexions... Il y a un vide dans la réflexion spirituelle, une absence de référence à des valeurs supérieures. Et ce ne sont sûrement pas les économistes qui vont combler ce vide.* » D'où la nécessité pour lui d'une réflexion quotidienne sur les grands sujets contemporains, la nécessité de cette « *dimension à la fois de réflexion et de prospective qui doit habiter tout administrateur public.* »

Sa longue habitude de l'écriture lui rend la tâche plus aisée, sa plume prolixe suivant sans difficulté les mouvements de sa pensée. Il trouve un plaisir véritablement littéraire à l'emploi du mot rare, à la phrase bien tournée. Il ne s'attarde cependant pas aux considérations théoriques, ayant toujours besoin d'être branché sur le concret : « *Je ne suis pas à l'aise dans la réflexion théorique pure. Je suis avant tout un homme de terrain.* » Il n'est pas du genre à reprendre un texte à d'innombrables reprises ou à souffrir d'angoisse devant la page blanche. Une fois sa matière organisée mentalement, il se lance dans l'écriture en allant à l'essentiel. Écrire ses textes est pour lui un plaisir et une nécessité. Il préfère retenir l'aide de collègues lecteurs et critiques plutôt que de solliciter des rédacteurs pour préparer des textes à son intention. « *J'aurais souvent pu faire appel à des rédacteurs. Cela se fait couramment au sein du gouvernement, et c'est tout à fait normal car la rédaction est un exercice qui consomme beaucoup de temps et d'énergie. J'ai pourtant toujours préféré m'astreindre à la rédaction de mes textes et même à la recherche documentaire qui les fonde. Cela dépasse le plaisir de rédiger, car je ne nierai pas que certains soirs, je trouve le travail un peu lourd. Mais j'ai toujours eu la hantise de me mettre à penser "par procuration", un danger qui guette les leaders qui s'en remettent sans cesse à des tiers pour leur rédiger des textes. Me garder une vie intellectuelle autonome et originale, me prouver à moi-même que j'ai conservé la capacité de réfléchir seul, de construire mon raisonnement, de livrer ma propre pensée, voilà autant d'objectifs personnels qui tiennent une grande place dans ce choix.* » Une fois qu'un texte est produit et qu'il a rempli son office, il s'en détache rapidement, impatient qu'il est de passer à autre chose et d'explorer de nouveaux champs de réflexion. Il ne se fait d'ailleurs pas d'illusion sur le caractère fugace de l'écriture – beaucoup de textes sont périmés aussitôt écrits. Et comme par ailleurs il en écrit abondamment, tous n'ont pas le fini que requerrait un réel travail philosophique ou littéraire. « *Ces centaines de pages que j'écris à chaque année sont, de toute évidence, de valeur et de profondeur bien variables. Je m'impose cependant de rédiger quelques textes charnières par année, ce qui est un exercice très exigeant. Ces textes portent sur des questions reliées à l'éducation, la culture, l'administration publique, les grands enjeux sociaux. Je les présente lors de congrès ou colloques. Je les exploite parfois dans d'autres circonstances au profit d'auditoires plus restreints, et je les mets ensuite de côté pour m'adonner à d'autres réflexions.* »

Ses responsabilités administratives lui commandent aussi d'incessantes lectures. Le Musée de la civilisation traite de nombreux thèmes et explore des domaines très variés de la connaissance. Une exposition sur l'alimentation, le jeu ou le nomadisme repose sur plusieurs centaines de pages de recherche documentaire et sur des documents où sont présentés les orientations, le concept et le scénario de la future exposition.

S'ajoutent à ces textes diverses propositions concernant les activités culturelles et éducatives qui s'intègrent aux thèmes choisis par le Musée. « *Les documents à caractère administratif ne m'ont jamais rebuté et pourtant, Dieu sait si j'en ai lus. Il faut dire qu'ils sont souvent remarquables par l'ampleur de leur problématique et la précision de l'information qu'ils contiennent. J'ai vu plusieurs universitaires venus travailler au gouvernement exprimer leur étonnement et leur admiration à l'endroit des fonctionnaires qui préparent les innombrables mémoires qui servent aux décisions administratives ou politiques. Au Musée, je trouve beaucoup d'intérêt et de stimulation intellectuelle à lire les documents qui me sont présentés, car ils traitent des questions souvent très actuelles qui alimentent nos thèmes d'exposition.* » Par une déformation imputable sans doute à son passé de pédagogue, Roland Arpin prend le temps d'annoter attentivement certains documents et de communiquer son appréciation à ceux et celles qui les ont préparés. « *Je sais combien il faut de soin et de travail pour élaborer un texte clair, précis, intelligent, qui fait avancer les choses et qui ajoute une plus-value à la démarche de création du Musée. Je tiens à le faire savoir le plus souvent possible, car dans les bureaucraties, les couches hiérarchiques masquent trop souvent le travail de certaines personnes. Certains employés n'ont pas la chance de faire valoir leur mérite et leurs bonnes idées en raison d'un processus décisionnel pyramidal qui ne leur accorde aucune visibilité.* » D'où l'importance pour Roland Arpin de « faire redescendre » le plus souvent possible son appréciation à l'endroit des employés du Musée.

Mais la lecture de documents administratifs ne saurait alimenter véritablement la vie intellectuelle de Roland Arpin. Il souligne en riant : « *Malgré l'estime que je porte aux fonctionnaires et à leur travail, j'ai lu tellement de mémoires et de rapports qui démontraient une chose et son contraire que j'ai fini par me méfier de la littérature officielle. À la longue, elle nous enferme dans une logique bureaucratique desséchante. Les études gouvernementales, les rapports des commissions de toutes sortes sont des mines de renseignements fort utiles, mais ils ne sauraient nourrir l'âme et l'imagination. Quand je lis Jean-François Revel, Raymond Aron ou Emmanuel Mounier, je redécouvre à chaque fois le plaisir de la pensée complexe et non linéaire, le droit à l'hésitation et au doute, des vertus qui* n'appartiennent pas aux mémoires déposés au Conseil du trésor ou au Conseil des ministres ! » En somme, rien n'est négligeable pour ce lecteur curieux qui ne manque jamais ni à sa lecture mensuelle du *Monde diplomatique*, ni à celle de trois journaux quotidiens et de magazines ou de revues spécialisées. « *Je ne suis pas fébrile à l'endroit de la masse de lecture qui me sollicite et que je n'ai pas le temps d'approfondir, mais ma gourmandise est mise à bien rude épreuve lorsque je vois tout ce qui me passe sous les yeux sans que je puisse m'y consacrer.* » C'est là le prix que paient tous ceux qui s'intéressent aux idées, mais ce prix apparaît d'autant plus élevé à cet homme pour qui la vie intellectuelle ne saurait aller sans l'action, et qui se sent toujours partagé entre ces deux pôles.

DES IDÉES AUX DÉTAILS : GÉRER PAR L'ACTION

« *Ce qui se passe dans les bureaux de l'administration n'est pas une valeur négligeable, mais le Musée de la civilisation est avant tout un service public et un service au public. Comme dans toute entreprise, le contact direct avec les clients demeure le meilleur test de vérification de l'efficacité et de la qualité.* » Cette conviction, Roland Arpin la traduit en actes le plus souvent possible. Il quitte alors la tranquillité de son bureau pour une excursion sur le terrain. Sans trajet préconçu, il arpente le Musée – hall d'entrée, salles d'exposition, boutique, ateliers éducatifs, aires de repos – flairant si ce sera une grosse journée, si la bonne humeur règne, si la tenue d'un guide est négligée ou le service d'accueil débordé. Il salue tous les employés qui croisent son chemin, prend le temps de s'intéresser à leur travail, de s'informer si tout fonctionne bien. Plusieurs visiteurs, reconnaissant cet homme qui jouit d'une visibilité certaine dans la ville de Québec, esquissent un salut auquel il s'empresse de répondre. Cette gestion par l'action est pour lui aussi essentielle que la gestion par les idées – les deux étant complémentaires, siamoises même, ne sauraient être séparées sans périr. Si diriger exige une vision distanciée, par laquelle naissent les grandes idées et sont découvertes les tendances lourdes, cela demande aussi, selon Roland Arpin, une vigilance sans faille pour les innombrables détails qui tissent les jours et qui lui permettent en quelque sorte de ressentir l'organisation.

« *Une organisation, ça se gère par les deux bouts. Il y a la planification, le développement, la prévision budgétaire, la formation du personnel, toutes choses où l'on applique les grandes théories qu'on enseigne dans les écoles de gestion, et qui sont bonnes et nécessaires; mais il y a aussi beaucoup de notions un peu insaisissables, qui tiennent aux rapports avec les employés et les clients, aux convictions et à la vision de l'organisation... Rien de cela ne s'enseigne, et pourtant, c'est aussi important qu'une bonne planification budgétaire. J'aime bien comparer la gestion à la musique. Toutes les notions qui se trouvent dans les manuels peuvent être vues comme les notes effectivement jouées d'un accord musical, l'harmonie de l'organisation. Mais il y a aussi les harmoniques, ces notions insaisissables, ces notes supplémentaires seulement évoquées par vibration, qui ajoutent à la richesse de l'accord et lui donnent sa couleur propre.* »

L'harmonie peut se gérer à partir d'un bureau; les harmoniques ne peuvent être découvertes que dans l'action, dans les petites choses. Témoin de cette attention que porte Roland Arpin aux détails, une histoire anodine, mais révélatrice, court chez les employés. La scène se passe en février, durant la première année de fonctionnement du Musée. Le directeur, lors d'une de ses tournées quotidiennes, passe devant le comptoir d'accueil où il aperçoit, à côté des réceptionnistes affables et souriantes, un poinsettia dégarni, feuilles jaunies et fleurs d'un rouge passé tirant sur le rose. Profitant d'un moment où le comptoir est inoccupé, il s'approche avec le sourire : « *Écoutez, des fleurs fanées, c'est un signal de mauvaise santé. Et puis, Noël est passé depuis deux mois... Vous êtes si accueillantes, n'envoyez pas de contre-message : un musée, c'est avant tout vivant...* » Les réceptionnistes rient, un peu gênées de ne pas s'être aperçues plus tôt de ce qui leur apparaît maintenant comme une évidence. Roland Arpin avoue de surcroît qu'il a pour les fleurs fanées une aversion qui dépasse le strict message qu'elles peuvent envoyer aux clients, elles sont le signe d'un passé révolu, qu'il faut savoir laisser derrière soi...

Une autre anecdote illustre son souci du détail et de la cohérence. À l'occasion du troisième anniversaire du Musée, l'organisme invite divers groupes de gens du monde de l'éducation, du milieu des affaires ou du milieu des collectionneurs. Lors d'une de ces réceptions, ce sont les employés de l'institution qui sont conviés à un souper. Roland Arpin, étant à Montréal pour quelques jours, demande qu'on lui envoie par télécopie les détails de la réception. Quelle n'est pas sa surprise lorsqu'il constate que le menu sera bien frugal comparé à ce qui a été offert aux autres groupes invités... Le responsable a pensé bien faire en économisant, mais le directeur général voit les choses différemment. « *Selon moi, si on reçoit les employés, on les reçoit aussi bien que d'autres groupes. Ça n'a pas coûté très cher finalement, et ça a été un beau souper. Et les employés l'ont remarqué, ils ont été sensibles à l'attention qu'on leur portait.* »

De telles situations se présentent chaque jour au sein d'une vaste organisation comme le Musée de la civilisation. Il n'appartient évidemment pas à Roland Arpin d'en assurer la gestion directe. Lorsqu'il le fait, c'est beaucoup plus le pédagogue en lui qui refait surface, le pédagogue pour qui un exemple vaut tous les discours : il faut que, dans l'organisation, le souci du détail fasse partie des valeurs importantes et bien enracinées. « *Il y a les grands principes sur lesquels repose toute organisation, ils sont comme ces grosses racines qui tiennent l'arbre au sol, personne ne remet en question leur pertinence. Mais la vie et la santé de l'arbre passent aussi par la vitalité de ces milliers de radicelles qui forment un vaste réseau d'alimentation. Au sein du Musée, de multiples actions, en apparence secondaires, forment ce réseau qui garde l'institution vivante et toujours en croissance.* »

S'il ne se mêle pas systématiquement de la gestion quotidienne de son organisation, Roland Arpin y fait cependant des incursions régulières. C'est ainsi qu'il pilote de temps à autre un groupe de visiteurs du Musée, ce qui lui permet de vérifier directement la qualité des services et de se rendre compte de l'existence de petits problèmes ou même de dysfonctionnements non négligeables. « *Lorsqu'on approuve le plan d'aménagement d'une exposition, on tient trop facilement pour acquis que les designers ont prévu adéquatement la circulation des fauteuils roulants, que la présence d'aires de repos suffisantes dans l'exposition a été bien planifiée, ou encore que le caractère typographique utilisé, que l'on a approuvé sur présentation de prototypes, est réellement lisible.* » De là à placer le service à la clientèle au cœur des préoccupations du personnel du Musée, il n'y a qu'un pas. Les autres fonctions muséologiques ou éducatives découlent de cette première préoccupation. « *En somme, on s'aperçoit que la gestion revient toujours à un même point, quelles que soient les missions ou les institutions auxquelles on l'applique : l'organisation est un écosystème formé de plusieurs systèmes reliés et dépendants. La gestion du personnel, la rigueur dans la gestion financière, le souci de l'évaluation du rendement et de la performance, la qualité des services à la clientèle, la chaleur de l'accueil, l'attention au bien-être des visiteurs sont autant de préoccupations qui ne sauraient être isolées, de responsabilités qui ne sauraient être cloisonnées.* » Il ne faut donc pas se surprendre qu'au Musée de la civilisation, on soit prévenant à l'endroit des besoins des familles ayant de jeunes enfants, que les agents de sécurité soient attentifs aux personnes même s'ils ont des responsabilités de prévention et de maintien de l'ordre, que le jardin intérieur soit meublé avec goût et animé avec fantaisie, et bien d'autres choses encore...

ENTRETENIR LES RÉSEAUX

Le repas du midi est souvent l'occasion pour Roland Arpin de rencontrer des collègues du Musée ou des personnes de l'extérieur. Il attache la plus grande importance à l'entretien de son réseau de relations professionnelles et de partenaires de diverses natures. « *Le développement du partenariat a été une préoccupation constante de l'équipe du Musée depuis son ouverture* », souligne-t-il. Qu'il s'agisse du monde des affaires, du milieu gouvernemental, des universités, des réseaux de l'éducation ou du milieu municipal, le Musée s'associe le plus souvent possible à d'autres organisations et à des personnes de l'extérieur dans ses divers projets. Roland Arpin dira : « *Il est certain que tout est plus simple lorsqu'on travaille seul, sans confronter ses idées avec d'autres intervenants. Mais nous avons choisi cette confrontation des idées que j'aime appeler la fertilisation croisée.* » Si l'on en juge par les publications, les expositions ou le programme d'activités culturelles du Musée, cette façon de faire s'est avérée productive et satisfaisante. Cela ne l'empêche pas d'être extrêmement exigeante pour le directeur général, qui joue le rôle de porte-parole et de représentant officiel de l'institution.

Roland Arpin reçoit chaque jour de nombreuses sollicitations : demandes de conférence, participation à des comités externes, présence au sein de conseils d'administration, présidence d'événements, entrevues sur des questions à caractère social ou culturel, il y a toujours une rencontre à l'ordre du jour du directeur général. S'ajoutent à cela les requêtes les plus imprévues. Un jour, c'est une dame qui a écrit un livre sur le tissage et qui sollicite un texte de présentation de la part du directeur du Musée; une autre fois, ce sont de jeunes comédiens qui désirent présenter une tragédie grecque au cours de l'été et qui demandent les conseils de l'ancien sous-ministre des Affaires culturelles. Il est même arrivé qu'un couple qui désirait adopter un bébé chinois téléphone à Roland Arpin pour qu'il le conseille et l'aide – et il l'a fait gentiment, sans demander quoi que ce soit en retour. Ce désintéressement ne l'a pas empêché d'éprouver une joie immense lorsque la nouvelle maman rayonnante de bonheur est venue lui présenter le poupon quelques mois plus tard... Dans ce cas, le résultat même de la démarche le dédommageait de sa peine. La liste des causes humanitaires qu'il appuie est aussi étonnante : présidence de campagnes de prévention du suicide chez les jeunes ou d'assistance auprès des jeunes en difficulté, participation à la Société pour la promotion de la science et de la technologie, soutien à une fondation pour le développement de la pastorale dans les cégeps... Sa secrétaire dira, avec le sourire de celle qui sait qu'elle ne changera pas son patron : « *Monsieur Arpin gère avec efficacité et diligence, rien ne traîne, rien ne retarde. Son seul défaut, c'est probablement d'être trop généreux et trop disponible.* » Le principal intéressé ne nie pas la chose, au contraire, mais il explique que c'est là une contrainte imposée par ses fonctions, une contrainte qu'il assume pleinement. « *Il y a un prix à payer pour être "dans la parade" et pour se constituer un solide réseau d'amis institutionnels et personnels.* »

Mais cette générosité, si elle sert les intérêts professionnels de Roland Arpin et la cause du Musée, semble aussi être l'expression d'un trait profond de l'homme. Nous ne sommes plus seulement dans la sphère professionnelle, mais sur le terrain de la morale personnelle : « *C'est pour moi une nécessité de rendre service au plus grand nombre de personnes possible, d'appuyer les causes qui permettent aux hommes, aux femmes et aux enfants d'être meilleurs, plus heureux et de s'aimer davantage.* » Lorsqu'on s'étonne de cette propension à l'altruisme, Roland Arpin répond simplement : « *J'ai été favorisé par la vie, j'ai été chanceux, mais j'ai toujours mis ça au service des autres. Je pense n'avoir jamais utilisé mes énergies à ma gloire personnelle, même si je ne dirais pas que je n'ai jamais eu de poussée d'orgueil, comme tout le monde... Il y a un altruisme naturel chez moi, une générosité naturelle. Ça me gratifie, ça me fait plaisir d'être généreux. Je me suis toujours senti payé de retour, sans avoir voulu l'être nécessairement. J'ai appris que dans la vie, il y a des retours d'ascenseur, comme on dit.* »

Des journées plus que remplies, donc, pour cet homme qui ne semble jamais au bout de ses ressources. Les premières heures de la journée servent à la réflexion, le début de l'avant-midi aux questions administratives et au courrier, l'avant-midi aux réunions avec ses collaborateurs sur des questions courantes, tandis que l'après-midi est souvent consacré à des rencontres avec des personnes de l'extérieur. Le tout est entrecoupé de réunions des nombreux conseils, comités et groupes de travail où ses fonctions l'appellent à siéger. S'ajoutent à ces activités administratives les nombreuses obligations à caractère social que commande le Musée, de même que les invitations en provenance de l'extérieur. Tout cela, Roland Arpin le fait avec plaisir et passion. Cela n'empêche pas qu'il sache où mettre une limite à son engagement professionnel.

« *Les activités du Musée – vernissages, inaugurations, présidence de soirées diverses – me sont toujours agréables même si elles commandent beaucoup de disponibilité. Parmi les nombreuses invitations externes, je choisis avec une certaine sévérité, à défaut de quoi je n'aurais plus de soirées libres. D'ailleurs, j'ai toujours détesté travailler ou assister à des réunions le soir. Mes collaborateurs peuvent en témoigner, je ne convoque jamais de réunions de comité en soirée. Je suis de ceux qui croient que l'avenir appartient aux lève-tôt. Les soirées, je les garde pour lire, écrire, écouter de la musique et retrouver celle que j'aime.* »

Auprès de ses collaborateurs et de ceux qui le connaissent, il est réputé pour être un bourreau de travail, et le sait. « *Il faut que je fasse attention, parce que j'ai tellement d'énergie que je peux être épuisant pour les gens qui m'entourent. Je me mets souvent en garde contre cela, mais je l'oublie parfois.* » Il veille aussi à ne pas dépasser la mesure : bourreau de travail, peut-être, mais drogué du travail, certainement pas. « *Je n'ai jamais l'air d'un homme affairé, débordé et fébrile, et je ne le suis jamais non plus. Je travaille sans énervement, même si je poursuis plusieurs projets à la fois, ce que j'adore. En cela, je suis comme ma mère.* » Grâce à son caractère méthodique et à un perfectionnisme équilibré qui sait où s'arrêter, il est d'une rare efficacité. « *Chaque coup de crayon, chaque geste compte. Je ne perds pas de temps. Je suis très organisé, très discipliné de ce point de vue-là.* » Il n'est pas non plus indûment stressé par cette vie bourdonnante — c'est qu'il aime l'action, qu'il y est dans son élément et en tire un plaisir certain. « *Il y a tout un monde entre la fébrilité et l'action intense, toute une différence entre le maintien d'une tension créatrice et le stress.* » De plus, parce qu'il considère avoir fait ses preuves, la pression qu'il pourrait subir en tant que dirigeant est diminuée d'autant. « *Ce serait faux de dire que je ne suis pas stressé, nous le sommes tous un peu. Je dirais toutefois qu'avec les années, je le suis de moins en moins. Il y a des preuves qui sont faites, que je me suis faites à moi-même...* »

Mais le récit de la gestion quotidienne ne fournit qu'une image incomplète de ce dirigeant, puisqu'il laisse dans l'ombre une partie des principes qui déterminent les gestes posés. Quels sont ces principes qui pénètrent l'action pour se transmettre à toute l'organisation ?

C'est un lieu commun que de dire que l'être humain est un tout indivisible. Mais le lieu commun se vérifie ici dans la pratique : dans la description de la pensée de Roland Arpin, il n'est pas possible d'imposer une hiérarchie, un début et une fin. Que l'on commence par n'importe laquelle de ses idées, on arrivera toujours à toutes les autres. C'est donc sans organisation rigide, mais en souhaitant que le tableau soit en fin de compte complet, que sont exposés ici les principes et les valeurs qui sous-tendent la pratique de gestionnaire de Roland Arpin.

DES RÈGLES DU JEU EXPLICITES

Par une habitude qui remonte sans doute à ses années d'enseignement, Roland Arpin croit qu'il faut définir le plus explicitement possible les règles du jeu, la démarche de développement, le cadre de travail de son organisation. « *J'ai été formé à l'école du respect des programmes scolaires, des démarches d'apprentissage, des objectifs à atteindre, de l'évaluation des acquis de connaissance et de la sanction qui doit en découler. Cette manière de faire m'a toujours semblé adaptable à la gestion.* »

Dans cet esprit, on a mentionné que dès les premiers jours du Musée, un document de référence qui présentait explicitement la mission, le concept et les orientations du musée en cours de réalisation avait été fourni à l'équipe de direction. Guide, point de repère mais aussi instrument de direction, ce document expose en vingt-sept pages de texte aéré les balises à respecter mais surtout les objectifs à atteindre. On y sent l'enthousiasme et la générosité qui fondent le projet, et qui donnent un ton presque lyrique à certains passages : « *Que vienne l'heure où des milliers de visiteurs actionneront le tourniquet pour vivre une aventure de l'intelligence mais aussi — nous le souhaitons — pour vivre une histoire d'amour avec l'expérience culturelle.* »

Un deuxième document, de caractère plus administratif, mais non moins clair sur les règles du jeu, viendra s'ajouter dès le début de 1988 au concept institutionnel : *Organisation, principes et pratiques de gestion*. Destinée aux employés du Musée, cette brochure d'une cinquantaine de pages est également précédée d'une présentation qui fait ressortir la volonté du directeur général de donner du souffle à l'organisation. « *Ce document ne règle pas tout, mais, il exprime une manière de faire. Son contenu se veut l'expression d'une philosophie de gestion ouverte, privilégiant la qualité des relations humaines, la productivité, la clarté des règles du jeu. Il a été écrit avant tout à l'intention du personnel du Musée, une équipe enthousiaste et engagée. Nos pratiques administratives doivent être à l'image du Musée lui-même. Ce choix a pour effet d'exiger de chacun et chacune l'excellence et le dépassement professionnel.* »

Refusant de s'inféoder à une doctrine administrative particulière, Roland Arpin se sent plus à l'aise dans une approche empirique qui puise à plusieurs sources et à diverses démarches. C'est donc essentiellement dans la pratique que s'élabore la manière de faire du Musée de la civilisation. Cela n'empêche pas son directeur de croire à la nécessité de doter son organisation d'un plan directeur triennal. « *Le développement d'une organisation est un long voyage. Cela exige un guide, une carte géographique. C'est à cela que servent les instruments de planification.* » On retrouve dans ce plan directeur le souci de clarté et le sens de la pédagogie de Roland Arpin. En avant-propos, il répond d'avance aux questions : pourquoi, pour qui un plan directeur ? Dans le chapitre central du document, les priorités d'action sont fermement établies : « *Ce sont les trois axes suivants qui gouverneront l'action du Musée pour les trois prochaines années : une préoccupation constante à l'endroit de nos rapports avec les publics; le développement de produits muséologiques de grande qualité; la rigueur et la performance dans notre manière de gérer.* »

Les règles pour l'action sont toujours au cœur des préoccupations administratives de Roland Arpin, mais également la volonté d'avancer, de marquer des points, de gravir des échelons et de rendre impossible le retour en arrière. C'est ce qui l'incitera à écrire l'ouvrage dont il a déjà été fait mention, *Le Musée de la civilisation, concept et pratiques*. Joseph Melançon, professeur à l'Université Laval, explique que le texte, tout à fait accessible malgré la complexité du propos, « *respire bien* ». Il souligne en particulier son « *style alerte, imagé, nerveux, concis, efficace* ». Et plus important encore, il reconnaît dans cet ouvrage la marque du pédagogue qu'il a toujours admiré en Roland Arpin. Ce dernier a dédié le livre au personnel du Musée de la civilisation : l'ouvrage y est présenté comme « *le reflet de son engagement, de son savoir-faire et de sa créativité inépuisable* ». Ces quelques mots montrent toute l'estime que le directeur porte au personnel de l'institution.

Une information généreuse

L'énergie que met Roland Arpin à expliquer les choix organisationnels et institutionnels trouve son prolongement logique dans l'importance qu'il attache à diffuser l'information le plus généreusement possible. « *S'il y a une action complexe, c'est bien celle-là ! Que l'on donne trop ou trop peu d'information, on arrive au même résultat : le chaos. Que choisir, comment diffuser, à qui diffuser ? Il n'y a pas de règle d'or. Je crois qu'il faut varier et adapter continuellement les formules.* » Mais certaines pratiques n'en apparaissent pas moins indispensables à Roland Arpin : les décisions du comité de direction, qui se réunit chaque lundi, sont communiquées dans les heures qui suivent sous forme de compte rendu à tout le personnel du Musée; les divers dossiers et documents préparés par les équipes du Musée sont largement accessibles aux employés qui désirent les consulter et s'y référer; le bulletin d'information interne, appelé *Repères*, est coiffé d'un bloc-notes signé par le directeur général, et fournit de surcroît les informations courantes sur la vie de l'organisation; Roland Arpin rencontre tout le personnel à chaque année pour faire le point sur le développement du Musée, ses projets, ses budgets, ses succès, ses objectifs d'amélioration. Une telle rencontre a même lieu avec le personnel de la sécurité, bien que ces employés appartiennent à une firme privée sous contrat avec le Musée.

Mais Roland Arpin demeure réaliste quant à la portée réelle de l'information : pour lui, une telle attitude organisationnelle reste relativement inefficace si elle ne se double pas d'une ouverture personnelle. « *Le meilleur type de rapports sera toujours le contact informel, fortuit, chaleureux, la réponse spontanée à une question également spontanée. Diffuser l'information est un geste unidirectionnel. Le vrai défi, c'est la communication, qui est un geste bidirectionnel, un échange, un partage. L'information est sage et sans risque ; la communication véritable peut créer la turbulence puisqu'elle suppose la mise en commun, la contradiction même. C'est souvent dans l'ascenseur, dans le couloir ou au casse-croûte que l'on peut fournir la meilleure information. Et puis, il y a ce fait indéfinissable mais réel : certaines personnes sont spontanément et tout naturellement ouvertes et généreuses dans la diffusion de l'information, et d'autres beaucoup moins. C'est là une question de sécurité intérieure, je crois... Il y a ceux qui pensent que partager les enrichit, et ceux qui pensent que ça les appauvrit ; ce principe s'applique tout à fait à la diffusion de l'information. Mais quelles que soient les difficultés qu'il y a à réussir dans ce domaine de la gestion, il faut persister.* »

LA COMPÉTENCE AU CŒUR DU PROJET

Qu'il s'adresse à des enseignants, des administrateurs scolaires, des gens d'affaires, des dirigeants d'entreprise ou des hauts fonctionnaires, certains leitmotive reviennent obstinément dans le discours de Roland Arpin : la compétence des personnes est au cœur du projet de toute entreprise qui veut réussir, le savoir-faire doit être appuyé par la formation, et enfin l'ouverture sur l'extérieur, la comparaison, la confrontation des idées, l'évaluation externe sont indispensables au maintien de la qualité.

Cela ne l'empêche pas d'affirmer du même souffle que « *le droit à l'erreur fait partie des choses acceptables dans une organisation, un droit qui ne saurait être un privilège des seuls dirigeants.* » Et, comme s'il craignait que cette tolérance n'incite ses interlocuteurs à ouvrir trop grande cette porte qu'il vient d'entrouvrir, il ajoute : « *Comprenons-nous bien, je parle du droit à l'erreur, pas à la négligence, et encore moins à la bêtise. Et ce droit doit être limité... C'est une* question de moyenne au bâton ! » C'est donc dire qu'une certaine déviance, un certain non-conformisme ne semblent pas être totalement inacceptables pour cet homme. Ces traits lui semblent en fait des conditions nécessaires à un certain renouvellement organisationnel, même s'ils amènent souvent leur lot d'erreurs. Lui-même, bien que discipliné, n'en a pas moins pris des initiatives multiples et parfois audacieuses au fil des ans. « *Lorsque j'entends des gens décrier la fonction publique et l'administration gouvernementale et laisser croire que les initiatives y sont très difficiles, voire impossibles, je n'en reviens pas. L'espace qu'on nous donne est généralement celui que nous nous donnons la peine de prendre, surtout lorsque nous sommes en situation de responsabilité. La vérité, c'est qu'il y a des gens qui ont le vent dans les voiles, et cela énerve souvent les dirigeants. Bien sûr, l'équilibre entre la taille du gouvernail et celle des voiles est à conserver. Certains patrons ne peuvent pas supporter des collaborateurs et collaboratrices qui en mènent large; moi, je crois qu'il faut les garder à tout prix, quitte à leur accorder une attention particulière en les encadrant. Ce sont souvent des employés dont certains ratés sont largement compensés par leurs bons coups. Il est plus facile de réparer quelques pots cassés que de retrouver de ces esprits créateurs et audacieux.* »

Cette tolérance qui permet de passer outre les règles trop rigides doit aussi s'appliquer à d'autres aspects de l'administration : « *Lorsqu'on m'oppose le sacro-saint danger de créer un précédent par une décision, je pose toujours la même question : Si on ne peut pas autoriser de dérogation et créer des précédents, pourquoi donc faut-il des gestionnaires ? Un ordinateur pourrait aussi bien tout régler par l'application mécanique d'une formule...* » C'est dire que le pouvoir discrétionnaire, la décision personnelle, sans recours aux comités de toutes sortes, la capacité d'accepter des cas d'exception et de les assumer font partie du quotidien de Roland Arpin. « *Gérer par les deux bouts, c'est également être capable de prendre des décisions sans toujours se munir d'un filet de sécurité à toute épreuve.* »

La compétence que veut insuffler Roland Arpin à son organisation l'incite à porter une attention particulière à la gestion du personnel, à son développement et à sa croissance. « *Il n'est pas facile de bien doser le rapport entre la production et la*

formation, entre la stimulation au travail et l'encouragement au développement personnel. Mais c'est à ce prix que subsisteront et se développeront les
entreprises modernes, celles qui ont pour objectif de produire du savoir, et
dont les moteurs sont la matière grise et la créativité. » Au Musée de la
civilisation, ces préoccupations du directeur général se manifestent dans les programmes de formation et de développement du personnel que l'organisation met au service de ses
employés, ainsi que dans les nombreuses activités d'étude et
de voyage qui sont encouragées.

RÉCONCILIER DEUX PÔLES : LA RATIONALITÉ ET L'AFFECTIVITÉ

Pour Roland Arpin, tenir compte de ce qu'il appelle les
harmoniques dans la gestion de l'organisation, c'est notamment pondérer les poids respectifs de la rationalité et de
l'affectivité. « La passion fait partie de la vie, elle en est même un moteur,
une force qui pousse l'être humain à devenir ange ou bête, à réaliser de
grandes choses et parfois des bassesses innommables. La gestion étant une
technique qui s'exerce par l'assemblage de plusieurs habiletés — et non pas
une science, comme on tente parfois de le faire croire —, on ne saurait y faire
abstraction de la passion. » Cette conception, qui a pour conséquence première une attitude extrêmement souple dans la
direction des personnes, a aussi des incidences sur le contenu
proprement muséologique de l'institution. L'exposition « Histoire d'amour et d'éprouvettes », portant sur les nouvelles
techniques de fécondation et de reproduction assistées, est un
bon exemple de ce mélange de savoir technique et de sensibilité : elle repose sur deux pôles, amour et éprouvettes, passion et raison. Cet équilibre se remarque dans l'ensemble de la
programmation du Musée : des activités de détente répon-
dent à des activités de connaissance, des conférences sur des
sujets divertissants se font le pendant de celles portant sur de
graves problématiques sociales, « La Fête autour du conte »
côtoie des témoignages de jeunes sur leur conception de la
famille et de la société, etc.

Roland Arpin lui-même avoue sans ambages qu'il entretient avec les gens qui gravitent autour de son organisation, visiteurs et surtout personnel, un rapport fortement teinté d'affectivité. « *Il y a une manière de parler aux employés, de s'intéresser véritablement à eux, de leur montrer de l'estime, qui est affectueuse sans être paternaliste. Les théories de la gestion du personnel évoquent rarement cette manière de faire qui peut paraître un peu dépassée. Elle est surtout difficile à inscrire dans les graphiques savants que produisent les théoriciens de la gestion des ressources humaines ! Je n'ai jamais craint, bien au contraire, d'afficher une attitude chaleureuse et respectueuse des personnes, attentive aux différences individuelles. Avant de parler de relations de travail, il faut faire la preuve que nous attachons la plus haute importance aux relations humaines.* » Il y a cependant une limite à cet investissement personnel dans la gestion, de la part du directeur comme de celle des employés. « *Une organisation n'est ni une famille, ni une communauté religieuse. Personne n'y a fait de vœux d'obéissance et de soumission, personne ne s'est engagé à aimer et à se faire aimer à tout prix. Des gens peuvent travailler ensemble sans partager les mêmes goûts et aimer les mêmes choses. Ils n'ont pas d'obligation de s'aimer mutuellement, ils n'ont que le devoir de s'estimer et de se respecter. L'entreprise, même muséale, n'est pas une fin; elle est un moyen, un instrument auquel on peut s'attacher, mais qui ne saurait devenir une raison d'être.* »

L'importance que Roland Arpin accorde à l'affectivité ne signifie cependant pas que la gestion qu'il pratique soit laissée au seul instinct. Pour lui, l'administration n'est pas d'abord technique, mais elle l'est aussi. En particulier, la productivité est un impératif incontournable dans une grande organisation, et Roland Arpin, amoureux du travail bien fait, y tient sans compromis. « *Il ne faut pas avoir peur de dire que la performance, l'efficacité, l'économie font partie des objectifs de l'organisation. Il n'y a aucune incompatibilité entre l'attention qu'on porte aux personnes et l'exigence de la qualité.* » Cette philosophie se répercute dans les pratiques de gestion des ressources humaines du Musée, qui allient l'attention aux personnes et l'évaluation de la productivité. Chaque gestionnaire évalue périodiquement chacun des membres de son service ou de sa direction, et cela depuis le sommet de la hiérarchie jusqu'à sa base. Le directeur du personnel effectue avec tout employé qui a travaillé au Musée durant une période significative une entrevue de départ qui constitue aussi un instrument de mesure de la qualité de l'organisation. L'évaluation des activités et des produits du Musée fait l'objet d'un programme triennal d'évaluation. Des enquêtes périodiques évaluent la satisfaction des visiteurs, ce qui éclaire la direction du Musée sur les réussites et sur les correctifs à apporter. Le rapport annuel du Musée lui-même revêt une forme particulière : la reddition de comptes, les critères de mesure de la qualité, la comparaison avec d'autres institutions, l'abondance des données qualitatives et évaluatives en font un instrument qui s'inscrit dans le courant novateur de l'imputabilité élargie des administrateurs publics.

L'organisation tient aussi à demeurer à l'écoute de son personnel et de ses visiteurs. Le bref rapport quotidien que doit faire chaque guide, le relevé des appels téléphoniques, les registres dans lesquels les visiteurs consignent leurs observations sont autant de sources d'information qui, cumulativement, permettent d'avoir une perception juste de la qualité des services et de l'organisation.

Enfin, il faut signaler l'importance qu'attache Roland Arpin à la réunion hebdomadaire de son comité de direction formé des quatre directeurs (administration, éducation et diffusion, recherche et conservation, relations publiques et communications). « *Il ne faut pas perdre le fil de l'organisation. Un des moyens pratiques et simples pour cela, c'est de réunir régulièrement l'équipe de direction et de s'assurer de la coordination, du partage de l'information, de la pertinence des choix et, au premier chef, de la fidélité aux orientations fondamentales de l'institution. Ces réunions hebdomadaires garantissent l'efficacité du processus de décision. Elles permettent également de présenter et de situer des initiatives et des projets qui, autrement, perdraient de leur efficacité.* »

Ces diverses pratiques de gestion montrent bien l'effort continu de Roland Arpin pour établir un dialogue entre le cœur et la raison. Cette préoccupation est pour lui une façon d'être authentique et de se révéler véritablement, même s'il est dans une position d'autorité qui en incite plusieurs à adopter des masques. « *Tout le monde joue des rôles dans la vie, mais ce phénomène est particulièrement marqué chez les gestionnaires de haut rang. L'habit rayé et la cravate sage, une indifférence discrète ou affichée, ou même un certain cynisme, sont souvent des paravents.* » Ne pas être inféodé à une doctrine, à une école, c'est aussi pouvoir faire des remarques de cette nature...

DIRIGER SANS S'EXCUSER

Roland Arpin aime bien comparer l'organisation à un écosystème dont le centre est la personne humaine, avec son intelligence et sa sensibilité. Cette conception, qui habitait déjà le jeune professeur à l'école primaire, ne s'est que raffermie au cours des ans. Elle ne l'empêche cependant pas de considérer que le leadership et l'autorité doivent être pratiqués de façon ouverte, sans faire croire à une fausse égalité entre le patron et le commis. « *On parle beaucoup de la culture des organisations, depuis quelques années, alors qu'il me semblerait plus juste de parler de la pensée de l'organisation. La différence est de taille : la culture renvoie à quelque chose de diffus et d'insaisissable, même si on peut en décrire certaines manifestations; la pensée renvoie à l'obligation de consigner les idées, de les organiser et de les développer. Ce devoir appartient prioritairement à la direction et en particulier à son chef.* » Pour Roland Arpin, cette attitude est celle du leader qui dirige sans s'excuser. « *Diriger du personnel exige que le leadership qu'on exerce suscite l'adhésion, l'admiration même, qu'il soit mobilisateur.* »

Cette conception du leadership ne l'amène pas à préconiser le culte de la personne, la glorification du chef. « *Les organisations modernes commandent que tous ceux qui y travaillent sachent non seulement comment se font les choses qu'on leur demande, mais surtout pourquoi ils exécutent les tâches qu'on leur confie. Le pourquoi trouve sa réponse dans des objectifs élevés liés à la créativité, la convivialité, la qualité des communications et des relations humaines; le comment pour sa part passe*

Au cours de la période estivale, le Musée de la civilisation inscrit
à sa programmation une foule d'activités culturelles permettant au public de découvrir
les coutumes et la culture d'autres peuples.

MICHÈLE PÉRUSSE

A)   Les tambourinaires du Burundi face à l'entrée du Musée, à l'été 1991

MICHÈLE PÉRUSSE

B) Danses folkloriques par Les Enfants du Monde (juin 1992)

MUSÉE DE LA CIVILISATION

C) Danse du dragon d'eau et du lion par l'Institut Kai Leung de Montréal (juin 1991)

par l'élaboration de politiques, la précision des objectifs, la valorisation de la vie d'équipe, la qualité des conditions de vie au travail, le développement de mécanismes d'évaluation et de rétroaction. »

Pour Roland Arpin, « diriger une entreprise relève de la technique, diriger des personnes est du domaine de l'art ». Mais cette priorité qu'il donne à la qualité des rapports humains comporte cependant des limites qui sont claires dans l'esprit de celui qui a commencé sa carrière de gestionnaire comme directeur du personnel au Collège de Maisonneuve. « Je crois qu'il est important de savoir ce que pensent la téléphoniste, la secrétaire, les techniciens, mais je ne crois pas pour autant qu'il faille consulter sans arrêt et sans égard aux responsabilités des uns et des autres. Un plan directeur, par exemple, ne saurait être élaboré sans une bonne connaissance des forces et des faiblesses de l'organisation et sans avoir recours à plusieurs personnes pour les identifier. Mais il appartient à l'équipe de direction de conduire et de synthétiser la réflexion et d'assumer finalement la rédaction du plan. Diriger, c'est écouter, mais c'est également choisir et décider, c'est savoir dire oui ou non en toute connaissance de cause. Je ne me sens pas coupable lorsque je décide quelque chose; au contraire, j'ai la conviction que je fais le travail pour lequel on me paie, sans plus. »

Lorsqu'il parle du leadership, Roland Arpin dit de façon colorée : « Un chef dispose d'un certain nombre de crédits d'autorité, la manière de les utiliser fait la preuve de sa compétence ou de son incompétence. Contrairement à ce que l'on croit lorsqu'on n'a pas eu l'occasion de diriger, la marge de manœuvre est toujours assez étroite, surtout dans une organisation dont l'activité, fondée sur la recherche et la création, repose prioritairement sur le savoir professionnel. »

Il compare volontiers le dirigeant au chef d'orchestre qui exerce une double fonction de gestionnaire et d'artiste. « Le chef d'orchestre place les musiciens là où ils fournissent le meilleur apport à l'ensemble, il équilibre les forces. Le fait qu'il ne sache pas jouer de tous les instruments n'est pas un problème, à condition qu'il soit avant tout un artiste qui vibre à la complexité de l'exécution musicale. Le grand défi du chef, c'est que chaque musicien se réalise au maximum et que l'orchestre soit autre chose qu'un terne assemblage de talents et d'exécutants. La combinaison *du gestionnaire et de l'artiste chez le chef d'orchestre produit ce souffle, cet insaisissable surcroît d'âme qui permet de faire la différence entre la qualité acceptable, le grand talent et le génie. Savoir valoriser les individus et en même temps développer chez eux le sens de l'appartenance à l'orchestre dépasse, et de beaucoup, la simple technique de gestion. »* L'analogie avec la direction des personnes dans l'entreprise est trop évidente pour qu'il soit nécessaire d'insister – comme d'habitude, le pédagogue a su se faire comprendre.

Roland Arpin est par ailleurs bien conscient de la limite de l'action et des interventions directes du leader. L'organisation finit souvent par développer une sorte d'autonomie de fonctionnement sur laquelle le dirigeant n'a pas de prise : au sein d'un regroupement d'hommes et de femmes qui mettent leur savoir-faire et leur énergie au service d'une entreprise, des alliances se créent, des compromis s'établissent, mais aussi des tensions, des oppositions irréconciliables se développent. Cette inconnue dans la gestion de l'organisation, Roland Arpin la considère avant tout comme une richesse. « *Diriger des personnes exige que l'on soit sensible à cette dynamique des groupes. Les différences individuelles représentent un atout pour l'entreprise. Des dirigeants qui voudraient créer artificiellement l'homogénéité se retrouveraient vite avec des collaborateurs sans caractère et faisant le dos rond. Certaines incompatibilités peuvent devenir corrosives et improductives, j'en conviens, mais cela est plutôt rare. Les alliages, la fertilisation croisée ont toujours produit des métaux plus résistants, des plantes plus vigoureuses. Il en est ainsi dans la gestion des ressources humaines.* » Les rapports d'amitié ou de rivalité entre divers individus, les ambitions personnelles, la profondeur de l'engagement envers les objectifs de l'organisation sont autant de valeurs qu'il ne faut pas tenter de normaliser et de contrôler. « *On peut même ajouter que les éternelles rumeurs qui parcourent les organisations à propos de tout et de rien et qui empoisonnent parfois l'atmosphère de travail échappent largement, elles aussi, à l'intervention des dirigeants.* »

On touche ici à la limite de l'intervention d'autorité de la direction. Pour Roland Arpin, le gestionnaire avisé et expérimenté inscrit son action au-delà de cet univers informel sans en ignorer l'existence ni s'en inquiéter outre mesure. À ce stade, dira-t-il, « *tout est question de confiance en soi et dans les autres; tout est question également de dosage et d'équilibre, un dosage et un équilibre qu'il appartient en bonne partie à l'équipe de direction d'établir* ». Roland Arpin laisse poindre de nouveau sa conviction selon laquelle l'entreprise d'aujourd'hui est conviée à développer un certain humanisme qui réconcilie les exigences impitoyables de la productivité et les valeurs nouvelles comme la qualité de vie au travail, le partage du pouvoir, la reconnaissance de la réussite, la recherche d'une plus grande autonomie; toutes ces valeurs qui reposent sur ce que Roland Arpin appelle le « *triptyque communication, leadership, motivation* », qui est la base sur laquelle il fonde son action de gestionnaire-leader. « *Diriger des personnes se décline de plusieurs façons et à plusieurs niveaux : connaître, entraîner, stimuler, informer, développer, former, associer, impliquer, engager, évaluer, mesurer, estimer. La direction des personnes est au cœur de l'organisation dont elle colore toutes les actions importantes. Tant valent le respect et l'estime que les dirigeants portent à leur personnel, tant vaut l'entreprise !* »

Tantôt formaliste, précis et conventionnel dans sa manière de voir les choses, tantôt évocateur, presque lyrique, tantôt péremptoire et sûr de lui, tantôt ouvert aux solutions nouvelles et aux nuances, Roland Arpin pourrait être défini par la négative : ni pourvu d'une formation spécialisée, ni inféodé à une école, ni entiché des méthodes de psycho-gestion, ni convaincu que la seule raison peut suffire à faire évoluer une entreprise, ni traditionaliste, ni farouchement axé sur les nouvelles approches. Sa gestion est à l'image de sa personnalité, tentant d'échapper aux définitions trop étroites. « *L'esprit de système risque de tuer les organisations, en particulier les organisations publiques. Ce qui ne peut pas y être normé n'existe pas ou est objet d'une grande méfiance. À force de se référer aux plans d'ensemble, aux règles universelles, aux doctrines officielles, aux écoles de pensée et aux docteurs de la Loi, on en vient à croire que la vie est un théorème. Rien de plus faux, la vie est pour le moins un poème autant qu'un théorème !* »

L'avenir

Le Musée de la civilisation a connu en quatre années un succès qui s'exprime tant par l'engouement exceptionnel et durable qu'il a suscité dans la population immédiate et chez les touristes que par sa notoriété, son rayonnement national et international et la qualité de son organisation.

Le courant dont le Musée se voulait à la fois participant et promoteur, faisant du visiteur le centre de son action, a pris de l'ampleur et s'est communiqué à tout le milieu muséal. À l'échelle internationale, de plus en plus d'expositions adoptent des formules novatrices inspirées de l'interactivité. Mais cette popularité porte en elle-même sa rançon. Le Musée de la civilisation est en passe de devenir un classique et, en tant que tel, il risque d'être copié par des imitateurs qui pourraient réussir aussi bien que lui. Cette perspective n'inquiète pas son directeur, au contraire. « *C'est ce qui pourrait nous arriver de mieux. Nous avons pu constater, lors de la grande conférence de ICOM 92 qui a réuni à Québec près de 1800 muséologues du monde entier, l'intérêt qu'a suscité le Musée de la civilisation. Les réseaux sont toujours une force. Imaginez ce que représenterait un réseau de dix ou quinze musées-frères qui partageraient notre vision de la diffusion culturelle et du développement de la muséologie !* »

La pression imposée par la concurrence constitue d'ailleurs une stimulation, obligeant l'organisation à demeurer innovatrice et vigilante. « *Notre défi n'est pas de répéter indéfiniment des expositions calquées sur notre modèle initial. Bien sûr, il ne faut pas, selon l'expression populaire, jeter le bébé avec l'eau du bain, mais il faut progresser sans cesse dans la communication muséologique et l'approfondissement de notre manière de faire. C'est un devoir à l'endroit de nos publics, c'est un défi que doit relever un musée dont les thèmes se veulent une démarche de création. Contribuer au développement de nos visiteurs, leur ouvrir des horizons, leur donner le goût d'en savoir toujours plus, voilà ce que veut le Musée de la civilisation.* » On croit entendre Florence qui ne reculait jamais devant le progrès et le changement. Et le digne fils de sa mère conclut : « *Tout est question de prudence et de discernement, mais également d'audace et de confiance.* »

MAINTENIR L'ENGAGEMENT DES PERSONNES ET LE NIVEAU DE L'ORGANISATION

Si Roland Arpin est fier des résultats obtenus par l'institution qu'il dirige, il demeure en même temps critique, et surtout prudent. Il sait que la cohésion de l'organisation apporte avec elle un danger de repliement sur soi et de conservatisme. « *Le vieillissement des organisations est bien plus rapide que celui des personnes, sans compter que les objectifs individuels et les projets personnels peuvent facilement prendre le pas sur les objectifs institutionnels et sur le service au public si on ne veille pas au grain.* » Il a vécu plusieurs aventures de mise en place et de croissance rapide. Au Cégep de Maisonneuve, durant son mandat, la clientèle a triplé, et les édifices doublé... Au ministère des Affaires culturelles, il a assumé la délicate responsabilité de régionaliser les services et de déconcentrer les activités. Ces expériences lui ont laissé des apprentissages durables. « *Après quelques années, les territoires sont balisés, les responsabilités de chacun sont connues, une certaine spécialisation des tâches s'est imposée, les rapports interpersonnels se sont développés. Nous connaissons les défauts et les qualités de nos collaborateurs et collaboratrices, les forces et les faiblesses de chacun. C'est dire que l'atmosphère enivrante des premiers mois, le large espace laissé alors à la fantaisie, la possibilité de faire prévaloir des idées individuelles, hors d'une démarche formelle et bureaucratique, ont cédé la place à des façons de faire peut-être plus routinières. »*

Pour Roland Arpin, le défi consiste à prévoir le cycle dépressif auquel le jeune Musée risque d'être en proie, à l'atténuer et, mieux encore, à le transformer en relance vers un deuxième souffle. « *Le succès, surtout le succès rapide, comporte tout un défi : comment maintenir l'engagement des personnes et le niveau de l'organisation, et même les pousser plus loin ? Faire sortir les forces, créer une synergie entre les personnes de l'interne et les partenaires externes, faire cohabiter des antagonismes, établir le consensus sur les objectifs, définir les méthodes de production, inviter, forcer même au dépassement, évaluer et faire évaluer nos produits, voilà autant d'actions qui contribuent au développement de l'institution. Et ne soyons pas masochistes, le Musée de la civilisation connaît un élan et des succès qui témoignent intensément du maintien de son enthousiasme et de la qualité de son équipe et de ses produits. Cela donne à sa direction et à son personnel une confiance en eux et en leur institution qui est un élément très important dans le développement de toute organisation. »*

Pour Roland Arpin, c'est ce succès et cette confiance qui, au cours des prochaines années, permettront au Musée d'approfondir son action et ses produits muséologiques, de maintenir certains types d'activités et d'expositions qui ont répondu aux attentes du public, de continuer à innover, à inventer, à étonner. Les voies nouvelles que le Musée se propose d'explorer sont nombreuses, mais deux exemples illustrent tout particulièrement certaines des tendances que prendront les activités. Une exposition intitulée « Trois pays dans une valise » est actuellement en cours de préparation. Destinée de façon spécifique aux enfants de six à douze ans, ce qui est une nouveauté au Musée, cette exposition vise à faire découvrir au visiteur les différences et les ressemblances entre les cultures et les manières de vivre, mais aussi à susciter la curiosité, le désir de savoir et de connaître et le respect des autres ethnies. La Thaïlande, la Côte d'Ivoire et l'Équateur sont les trois pays choisis pour être témoins et objets de cette aventure. Un autre dossier semble également stimulant par son caractère expérimental et novateur. Il s'agit d'un projet que le Musée de la civilisation a entrepris avec un musée français et un musée suisse sous le thème « Trois musées, trois manières ». Il en résultera une exposition en trois tableaux préparés par chacun des musées qui, à l'intérieur de règles du jeu prédéfinies assurant l'homogénéité des moyens, développeront chacun une exposition de deux cents mètres carrés sur un même thème, la mort par exemple, ou l'amour, la différence, le partage... Par la suite, ce triptyque sera présenté dans chacun des trois musées. C'est encore le thème du croisement des connaissances et des points de vue, cher à Roland Arpin, qui revient dans cette entreprise : l'objectif, dit-il, est de « *faire comprendre aux visiteurs que l'angle sous lequel on regarde un phénomène — la culture de chacun des trois musées et leurs choix scientifiques et esthétiques — fait surgir des univers intellectuels différents, et donne d'une même réalité des lectures qui pourraient s'avérer diamétralement opposées, ou à tout le moins fort éloignées les unes des autres* ».

Pour Roland Arpin, ces innovations sont essentielles. « *Il n'est qu'une manière de franchir les étapes de croissance des organisations : ouvrir des portes, faire entrer de l'air frais, monter la barre imperceptiblement mais constamment, engager les ressources de l'imagination et de la créativité qui sont inépuisables. Ces ressources seront indéfiniment renouvelées si nous créons les conditions propices. Les organisations sont comme les personnes, elles franchissent les étapes de leur croissance parfois dans la plus complète sérénité, parfois dans la tension et la perturbation. Il est des périodes où le leadership doit être plus actif, le leader plus présent et plus intervenant...* » On sent bien, une fois de plus, que se profilent derrière ces observations la réflexion de l'éducateur, l'expérience du pédagogue et la capacité d'analyse de l'humaniste.

L'INQUIÉTUDE DU LEADER

À travers ses remarques sur la vie et la mort des organisations, Roland Arpin laisse entrevoir une tension intérieure qui n'apparaît pas à première vue. Cette saine inquiétude vient relativiser la solide confiance en lui qu'il dégage, et permet de mieux comprendre où se logent chez cet homme le doute et la vulnérabilité. « *Le succès du Musée m'est un objet de fierté. Il est dû avant tout à la qualité des personnes qui s'y trouvent et à la sagesse des choix qui ont été faits. Mais la fierté ne doit pas se transformer en suffisance et en triomphalisme, ce qui aurait, j'en suis certain, des effets pervers sur le Musée. Je ne saurais me laisser griser par un succès évident et oublier que la profondeur, le respect de la complexité, l'ouverture d'esprit sont des fondements de l'éducation. Or, le Musée se veut un lieu et un instrument d'éducation. C'est dire que le respect de ses objectifs doit constamment être évalué.* » La rentabilité culturelle du Musée est aussi un sujet sur lequel revient souvent son directeur. « *Cette institution est ouverte, populaire et publique, ce qui suppose qu'elle se soumet à des règles exigeantes de saine et bonne gestion, qu'elle reste vigilante à l'endroit de son mandat initial.* » Dans tous les secteurs de l'organisation, la croissance impose la nécessité de constamment mesurer et réduire ce que Roland Arpin appelle « *l'écart entre le dire et le faire* », cette discordance qui peut se glisser entre les principes organisationnels parfois bien abstraits et les applications réelles qui en sont faites. Cette mesure qui doit chaque jour être prise, ce regard porté de façon critique sur une organisation qu'il est souvent difficile de juger de l'intérieur, c'est au dirigeant d'en assumer la responsabilité. C'est à cette condition que l'organisation peut demeurer vivante et en mouvement. Roland Arpin a appris à vivre avec ces impératifs qui, dit-il, ne le quittent jamais.

L'abondante production écrite de Roland Arpin témoigne éloquemment des préoccupations qui l'habitent. Il dira, avec une sérénité mêlée de nostalgie : « *Je quitterai la cinquantaine dans deux ans, le deuxième versant de ma vie est largement entamé. Je ressens un intense besoin de faire le point sur nombre de questions qui m'intéressent, de faire ma synthèse et, disons-le, de semer mes idées et répandre certaines de mes convictions. C'est pourquoi la direction du Musée n'est pas pour moi un simple mandat parmi plusieurs autres. Contribuer à la définition et à la croissance d'une grande institution culturelle est une tâche stimulante mais exigeante. Ce mandat commande, si on l'accepte, qu'on lui consacre plusieurs années et beaucoup de travail.* » C'est studieusement, et même minutieusement, que Roland Arpin rédige jour après jour les dizaines de pages de conférences, d'allocutions, d'articles et de documents de réflexion à l'usage du Musée et des organismes dont il fait partie. À l'évidence, cette production écrite exprime son insatiable désir de communiquer, d'expliquer, de faire partager ses convictions culturelles et éducatives et ses observations sur la société; mais c'est aussi une manière de liquider cette tension intérieure qui l'habite, de mettre ses idées à l'épreuve; et enfin, il l'admet lui-même en souriant, il se glisse dans cette activité le désir bien humain de laisser quelques traces...

L'AVENIR PERSONNEL

Et Roland Arpin lui-même, qu'envisage-t-il pour l'avenir ? Bien qu'âgé de cinquante-huit ans seulement, il pourrait prendre sa retraite dès maintenant car il a commencé très tôt à enseigner. « *À un certain moment, il faut accrocher ses patins comme l'a fait mon père, mais lui l'a fait à soixante-seize ans... Mais je n'en suis pas là, bien au contraire ! Je me sens bien comme leader. Je me sentirais plutôt mal à l'aise d'être le numéro deux ou trois, j'en ai perdu l'habitude depuis longtemps.* » Fidèle à lui-même, il ne fait pas de plans pour l'avenir. Il continue à engranger des idées, des informations, des lectures. Son cercle d'interlocuteurs s'agrandit continuellement, incluant nombre d'individus qui ne servent en rien ses intérêts immédiats de directeur du Musée mais avec lesquels il aime à échanger et à enrichir sa pratique. Il garde des contacts avec la haute administration gouvernementale au sein de laquelle beaucoup de ses anciens collègues sont devenus des amis au fil des ans. Il a également accès au milieu politique des divers paliers de gouvernement, où il retrouve même de ses anciens étudiants qui occupent maintenant des postes de responsabilité. Il a développé au cours des dernières années des liens avec le milieu des affaires, où il donne occasionnellement des conférences et avec lequel il transige pour l'obtention de commandites. À titre de membre de conseils d'administration et de divers comités, il est amené à collaborer avec ce milieu auquel il porte une grande estime. Enfin, nombre d'organismes sociaux ont recours à sa collaboration : on lui demande de siéger à des conseils d'administration, ou de donner un coup de main à diverses occasions en prêtant sa visibilité, son temps et sa conviction. C'est dire que ne manquent ni les sollicitations pour du travail bénévole, ni les coups de sonde pour savoir s'il n'aurait pas le goût de relever de nouveaux défis. Mais pour l'instant, l'attrait du Musée et l'intérêt qu'y porte Roland Arpin l'emportent encore, et il ne nourrit pas d'autre projet que celui de continuer à diriger l'organisation pendant quelques années encore.

Il y a aussi toute sa vie personnelle, une vie riche, qui pourrait l'occuper amplement s'il décidait de prendre sa retraite. Il éprouve la nécessité vitale de passer du temps en famille, en compagnie de sa femme mais aussi de ses enfants. Il découvre avec ses petits-enfants le plaisir d'être grand-père. Il leur consacre une grande part de son temps, voyant certains d'entre eux presque tous les jours. La vie sociale l'occupe aussi. Lui et sa femme se plaisent à inviter des amis dans leur maison qu'ils veulent ouverte et accueillante.

Il prend le temps de se consacrer à des loisirs qui, chez lui, deviennent vite des passions. C'est ainsi qu'il passe ses samedis à son atelier de menuiserie, réminiscence peut-être des samedis de son enfance où, en compagnie de son père, il travaillait le bois à l'établi. Il y fabrique des meubles pour ses enfants et ses amis. Il trouve à ce travail le même genre de gratification qu'à l'écriture : c'est un plaisir d'artisan où il tente de dépasser ses limites, où il ressent la fierté du bel ouvrage accompli. La lecture occupe aussi une place de choix dans ses loisirs, c'est pour lui une nécessité plutôt qu'un luxe. Il revient souvent aux mêmes auteurs, gardant plus spécialement sous la main Valéry et Alain : Valéry, poète-philosophe à l'esprit introspectif et méthodique, voulant comprendre et interpréter la totalité de l'activité humaine; Alain, libre-penseur désireux de fournir par sa philosophie une éthique qui permette à l'homme de maîtriser ses passions et de se libérer de toute tyrannie. Il se passionne pour les essais portant sur la politique, l'éducation et la culture, les grandes questions sociales, la prospective.

Les voyages, qui lui ont toujours été essentiels, continuent de le faire rêver. Il prend maintenant quelques semaines de vacances chaque année. Au printemps, il se rend en Espagne, où il s'installe toujours dans la même villa faisant face à la Méditerranée. C'est là qu'il rédige les textes auxquels il pense depuis longtemps, mais que les contraintes de sa tâche quotidienne ne lui laissent pas le loisir de réaliser. Écrire dans la chaleur méditerranéenne, devant la mer bleue, au calme, quoi de mieux pour contrebalancer la vie qu'il mène à Québec... Chaque automne, il visite aussi une nouvelle région de France, s'intéressant à l'architecture, à la gastronomie, aux coutumes diverses, visitant des amis. « *Quel pays inépuisable,* lance-t-il, *nous n'arrivons pas à nous en lasser après bien des séjours.* » De plus, quelques voyages annuels dans d'autres contrées moins fréquentées s'ajoutent au fil de son travail : il y visite évidemment les musées, mais prend aussi le temps de connaître et d'apprécier le pays.

L'ÉQUILIBRE COMME VALEUR UNIFIANTE

Dans les prochaines années, Roland Arpin aura sans doute à redéfinir l'espace qu'occuperont sa vie professionnelle et sa vie personnelle. Cela ne devrait pas l'effrayer. Il est familier de ces équilibres toujours renouvelés, à travers lesquels il interprète les diverses étapes de sa carrière. « *En tant qu'instituteur,* toutes mes actions visaient à équilibrer le cognitif et l'affectif. Plus tard, ma formation en lettres m'a conduit à examiner les rapports entre le fond et la forme, entre le signifié et le signifiant. Ma carrière d'administrateur s'est ensuite déroulée en conciliant l'humanisme et la technique. Le fait que j'aie œuvré dans des milieux d'éducation et de culture m'a évidemment amené à poursuivre une recherche de réconciliation de la culture et des sciences, de l'imagination et de la raison. Plus récemment, à la direction du Musée de la civilisation, j'ai senti la nécessité d'harmoniser deux dimensions importantes dans un tel milieu : la culture de la mémoire (la conservation) et le service au public (la diffusion). La longue démarche qui m'a conduit de l'enseignement à l'école primaire jusqu'à des postes de haute direction gouvernementale semble donc, lorsque j'en fais l'examen a posteriori, avoir suivi une trajectoire logique et préméditée. Il n'en est évidemment rien. J'explore actuellement des ouvrages qui montrent comment le monde s'organise autour du yin et du yang. C'est la plus récente phase de cette longue marche de réconciliation des deux pôles qui modulent la vie. »

Mais qu'on ne s'y trompe pas : cet équilibre des contrastes auquel semble être parvenu Roland Arpin est le fruit d'un constant travail sur lui-même. « C'est vrai, il y a des domaines où je suis habile depuis longtemps. Jeune, j'avais déjà du talent pour les lettres et les humanités. Mais je me suis fait seul pour une bonne part. Ma meilleure formation me vient de plusieurs sources : mon travail personnel et mes lectures, mon entêtement à réfléchir par écrit et systématiquement et aussi ma capacité à tirer de mon expérience une réflexion théorique. Je sais que je projette l'image de quelqu'un à qui tout est arrivé à son heure et facilement, cela me contrarie toujours un peu... J'admets être un homme qui a bien réussi, mais je les ai conquis, les galons, et ça n'a pas été facile. Je ne suis pas ce qu'on appelle un homme brillant. Je suis un homme travaillant qui a accumulé son expérience et ses connaissances. J'ai développé des habiletés et des talents d'artisan, c'est-à-dire qu'à force de forger, je suis devenu forgeron. »

Travail sur soi, exigence, refus de la facilité, voilà quelques-unes des valeurs qui ont modelé Roland Arpin. Son énergie et sa capacité exceptionnelle de réalisation, il les met au service d'une irrésistible pulsion vers le haut, qui est peut-être le moteur essentiel de cet homme. S'il dégage la vitalité, la confiance en soi et l'amour de la vie, il n'en est pas moins profondément préoccupé des grandes questions existentielles, jamais résolues : l'amour, la justice, la pauvreté... Roland Arpin n'échappe pas à l'angoisse qu'elles suscitent en chaque être, y faisant face avec la même ardeur qu'il met à tous les aspects de sa vie, qu'il s'agisse de travail ou de bricolage. Et de cette angoisse, il réussit à faire jaillir un nouvel équilibre : tout se passe en effet pour lui comme si la présence même de ces questions constituait une réponse, fournissait une morale, un guide pour l'action, une échelle selon laquelle évaluer ses réalisations. « *Se prêter à un bilan de vie est un exercice que je trouve à la fois contraignant et éclairant. Contraignant parce qu'il m'oblige a posteriori à donner un sens à de nombreux parcours qui ont tout à coup entre eux un lien que je n'avais pas soupçonné et que je n'avais jamais pris le temps d'établir; éclairant parce que je m'aperçois que pendant cette longue trajectoire où j'ai conduit mille opérations, dirigé bien des personnes, travaillé sur de multiples sujets, j'ai finalement maintenu une unité de pensée et développé un champ d'intérêt qui se ramène à quelques grandes questions. Ce sont celles-là qui, à l'âge de la maturité, à l'orée de la sagesse sans doute, continuent à me mobiliser.* »

LES GRANDES QUESTIONS

La bipolarité qui structure la vie et sur laquelle il revient souvent se retrouve dans la réconciliation que Roland Arpin se plaît à faire entre l'action et la réflexion. « *Je ne vis pas dans une bibliothèque. La plus grande partie de ma vie s'est passée au cœur de l'action. Encore aujourd'hui, la direction du Musée de la civilisation m'impose de travailler sur nombre de dossiers concrets et d'opérations techniques, ce qui est loin de me déplaire. Discuter du choix des thèmes d'exposition, étudier l'évolution des taux de fréquentation, définir les activités d'éducation, arrêter le programme de publicité, sont autant de questions qui me suggèrent par la suite des réflexions d'un autre ordre. Rien n'est vraiment gratuit et innocent dans ces choix administratifs. Le choix des thèmes ne saurait se faire sans réfléchir aux grandes questions qui préoccupent et intéressent nos visiteurs, sans référence aux grandes tendances, sans enracinement culturel. La publicité est nécessaire, indispensable même, mais* elle doit obéir à des règles de bon goût, de mesure, à des règles éthiques. L'action éducative du Musée ne saurait être superficielle, éparpillée, déconnectée du milieu scolaire... On pensera peut-être que ma manière de faire est propre à la gestion d'une entreprise culturelle. Je crois qu'il n'en est rien et que tout chef d'entreprise qui veut progresser et faire progresser son organisation doit s'élever au-dessus de l'action tout en puisant la matière de sa réflexion. Il passe ainsi du comment au pourquoi, ce qui est une responsabilité du leader. »

Cette responsabilité, Roland Arpin a voulu l'assumer pleinement, ce qui l'a amené au fil des ans à lire et à réfléchir sur les enjeux socio-politiques et socioculturels contemporains. « J'aborde les grandes questions avec circonspection, moi qui ne suis ni sociologue, ni économiste, ni politicologue. J'y trouve mon intérêt, car chaque occasion qui m'est offerte de réfléchir à voix haute me force à approfondir ma pensée et m'impose des lectures stimulantes. » C'est sous l'angle concret de l'incitation à l'action que Roland Arpin traite des questions sociales, faisant de la pensée théorique un guide pour la pratique. Mais à la faveur de ces réflexions, un homme plus inquiet se révèle, qui n'est certainement pas le gestionnaire décidé pour qui le monde est divisé, selon son expression, « entre les "on" et les "off" ».

« C'est Jean-Marc Léger qui disait récemment qu'on ne peut dissocier, dans la réflexion sur le Québec, le nombre, la langue, la mémoire. La formule est aussi juste qu'heureuse. La démographie, par exemple, présente des données objectives et graves à la fois. Quand je lis, concernant notre force de reproduction, que le taux de fécondité de 1,4 chez les Québécoises est nettement inférieur au taux de maintien qui est de 1,8 et à plus forte raison du taux de croissance qui serait 2,1, je me dis qu'il n'est pas nécessaire d'être docteur en futurologie pour voir que le Québec s'achemine inéluctablement vers une situation intenable, passant de six millions d'habitants prévisibles pour l'an 2030 à trois millions et demi, cinquante ans plus tard. Bien sûr, l'immigration peut théoriquement venir compenser cette chute, mais la montée de l'intolérance et du racisme nous prépare des lendemains qui risquent de ne pas chanter. » Et Roland Arpin revient, au détour de la conversation, à des préoccupations qui remontent peut-être à ces jours lointains au cours desquels il découvrait la pauvreté des familles de ses élèves du primaire. « *Quand je vois ici et ailleurs la montée du quart monde, la croissance de la population des sans-abri à Montréal, l'augmentation des femmes en situation monoparentale, la scission du Québec dont on dit sur tous les tons que c'est un pays cassé en deux... Quand je vois les taux de chômage – pas les apaisantes moyennes des documents officiels de Statistique Canada – selon lesquels dans des quartiers entiers des grandes villes et la couronne des villes régionales moyennes, on retrouve de 20 à 25 pour cent des travailleurs en situation de chômage déclaré, caché ou honteux... Quand je vois cette misère, je me dis qu'on joue avec le feu et qu'un bon matin, il va se passer un nouveau mai 68, mais violent celui-là, parce que fondé sur de vrais problèmes et non pas sur des revendications d'enfants gâtés. Je me dis aussi que dans un monde qui prétend contrôler l'infiniment grand et l'infiniment petit mais qui n'est pas capable de mettre ses enfants au travail, il y a quelque chose de fondamental et de profond qui ne marche pas.* »

Comme bien d'autres qui font des constats de ce genre, Roland Arpin se sent personnellement impuissant à modifier la situation. « *L'économie n'est pas magique. J'enrage de voir les politiciens jouer les magiciens et sortir de leur chapeau le lapin de l'économie en annonçant "qu'à partir d'aujourd'hui", ils s'occupent de redresser l'économie. Rien de moins ! Il y a des limites à rire du monde et à faire de la magie sans dire que le problème économique est complexe en raison notamment de la nouvelle situation des marchés de l'exportation, de l'insuffisance de la recherche industrielle, de notre retard dans les technologies de pointe, de la pauvreté de la formation de notre main-d'œuvre... Les redressements économiques ne sauraient reposer sur les seules initiatives politiques; c'est une véritable grande corvée nationale qu'il faut entreprendre, ce qu'on désigne généralement d'un terme apprêté à toutes les sauces : un projet national. Peut-on croire que nos gouvernants sont assez crédibles pour qu'on leur reconnaisse la capacité d'être mobilisateurs ?* » Et sévère, Roland Arpin ajoute : « *De toute manière, les leaders politiques et sociaux sont généralement au pouvoir depuis trop longtemps. Les chefs syndicaux, les évêques, les ministres, les premiers ministres et tous ceux qui aspirent à ces postes ont beaucoup de mérite, mais le temps de l'innovation et de l'audace est derrière*

eux. Il est intéressant de constater que certains recteurs d'université consti-
tuent l'une des rares exceptions à la règle — sans doute parce que selon les
règlements de leurs universités, ils ne peuvent régner plus de deux mandats. »

Le thème de la responsabilité politique et du rôle de
l'État revient fréquemment dans les échanges avec Roland
Arpin. « *Il est bien vu, dans les salons, de se loger du côté du discours*
néolibéral qui valorise la cure d'amaigrissement impérative à laquelle l'État
doit se soumettre. Au risque de ne pas être "politiquement correct", je souli-
gnerai que la réduction de l'État est facile lorsque ses effets se font sentir sur
les pauvres et les faibles plutôt que sur les riches et les forts. De façon
générale, les programmes sociaux et l'éducation casquent toujours plus
rapidement que les programmes d'aide à l'entreprise et à la recherche indus-
trielle lorsque les gouvernements imposent la diète. Que l'État soit géré de
façon rigoureuse, qu'il soit économe, austère même, ne me gêne pas — et
beaucoup reste à faire pour y arriver. Cela ne saurait faire oublier à l'État
qu'il existe pour protéger des valeurs, soutenir le développement de la culture,
redistribuer la richesse, assurer le bien commun. Il faut faire la distinction
entre moins d'État et un État faible ou peu courageux. Certaines missions
exigeront toujours beaucoup de l'État : l'éducation, la santé, la culture, la
protection du territoire, les relations internationales. Le libéralisme écono-
mique ne vise pas prioritairement la réduction du rôle de l'État, même s'il
préconise la baisse des impôts, la déréglementation, la liberté des échanges, la
réduction du "welfare state", la privatisation. Ces objectifs ne me semblent
pas, loin de là, incompatibles avec la continuité des institutions politiques ou
sociales. Nous ne saurions accepter une conception pure et dure de la société
comme marché qui place la concurrence au cœur du développement. »

« *Ce que j'attends de l'État, c'est qu'il assume ses rôles de sagesse et*
de continuité en évitant de se mêler de tout et de devenir affairiste. Que l'État
se concentre sur des tâches qu'il est le seul à pouvoir accomplir. C'est déjà là
un vaste programme pour les États modernes. Que de surcroît il ne se place
pas en marge et au-dessus des lois, et ce sera encore plus beau. Que, finale-
ment, l'État se souvienne sans cesse qu'il constitue un service à la collectivité,
évitant, comme on l'a vu encore récemment lors de la campagne référendaire,
de vouloir à tout prix et à n'importe quel prix décider pour ses citoyens de
ce qui est bon pour leur avenir et celui de leurs enfants. »

Réaliste, Roland Arpin admet par ailleurs que le gouvernement des États modernes appartient à la quadrature du cercle beaucoup plus qu'à la sagesse antique. « *Peter Drucker dit très justement que nous discutons beaucoup de ce que l'État doit faire sans nous demander ce que l'État peut faire. J'ai pu observer de très près le genre de difficultés que doivent affronter les élus et les gouvernants : parcellisation du pouvoir entre plusieurs niveaux de gouvernement, limites budgétaires et gestion du déficit qui prennent la place que devrait occuper le développement, multiplication des groupes de pression, surabondance des lois, nécessité d'informer, vulnérabilité de la gestion qui se fait véritablement dans une maison de verre. Quand on voit se consumer les forces et l'intelligence des élus dans cette corrida, je vous avoue qu'on apprend à les admirer. Ce qui caractérise l'administration publique, c'est la multiplicité des variables à prendre en considération dans les décisions. Je crois, pour en avoir souvent discuté avec des administrateurs qui avaient servi à la fois dans le privé et dans le public, que c'est une des grandes différences entre les deux secteurs. Sans compter le fait que dans le secteur public, la présence du politique a pour effet qu'une décision "finale", ça n'existe pas !* »

Au fil des échanges, plusieurs autres questions sont évoquées : les bouleversements technologiques, les avancées spectaculaires de la science, la nécessité de développer une culture scientifique et technique, la mondialisation de l'économie, le développement de la société du savoir, les mutations du monde du travail, la lutte au développement d'un « quart monde » au sein des sociétés riches... Pour Roland Arpin, ce sont là des questions graves, qu'il importe de se poser tout en sachant qu'il sera sans doute impossible d'y trouver une réponse. « *Je pense qu'avec le temps, je deviens de plus en plus conscient des enjeux et des risques d'éclatement social que comportent des problèmes comme la détérioration générale de l'environnement, le surdéveloppement et la paupérisation des grandes villes, la montée de la violence. On ne peut rester insensible à certaines données : en l'an 2000, c'est 74,4 pour cent de la population mondiale qui habitera les villes. Présentement, quinze villes du monde comptent plus de dix millions d'habitants.* » Comme ces propos en témoignent, l'inquiétude mais aussi la capacité d'indignation et le désir de changer les choses

154

ne se sont pas émoussés avec les années, loin de là : Roland Arpin se fait au contraire la preuve vivante de ce que les pôles de la passion et de la raison, comme il se plaît lui-même à le répéter, fondent tout développement, qu'il soit organisationnel ou personnel.

Une autre question lui tient aussi à cœur, celle du Québec, un Québec qu'il voudrait en pleine possession de ses moyens, un Québec dont le statut devrait l'empêcher de dire que c'est « à cause du gouvernement fédéral » si les choses ne fonctionnent pas bien. « *La pire chose qui pourrait nous arriver, ce serait de développer un Québec atteint du "syndrome de l'alibi". Le Japon a-t-il demandé la permission à l'Europe ou aux États-Unis pour devenir un pôle mondial d'excellence ? La langue, la croissance démographique, la mémoire et la culture, les leviers de l'éducation, le développement des valeurs humanistes nous appartiennent. Personne n'y assumera nos responsabilités à notre place. Le développement économique est tributaire de nos rapports de partenariat avec d'autres provinces, d'autres pays. Mais là encore, de grands et puissants leviers sont entre nos mains, ne serait-ce que la formation fondamentale et la formation générale. Et pourtant, il y a actuellement un grave décrochage face à nos responsabilités. On ne saurait créer un pays et une société sur la base de la surconsommation et de la course au pouvoir. On ne saurait d'une part parquer nos vieillards, négliger l'enseignement de l'histoire, réduire la vie démocratique à un groupe de votants de plus en plus restreint, ranger sur la tablette du haut les études qui démontrent la nécessité de ressouder un Québec cassé en deux, et croire d'autre part que la mobilisation des forces collectives va s'opérer de façon magique.* » Le constat que trace Roland Arpin semble marqué au sceau du pessimisme, mais cela n'est que temporaire. L'appel à l'action est encore une fois l'antidote qu'il propose naturellement, confiant que les gestes posés peuvent encore changer l'ordre des choses. « *La quête de sens est peut-être une utopie, et pourtant quel merveilleux défi pour une société qui est à maints égards une société bloquée... S'il le faut, poursuivons cette utopie, créons ce pays qui n'existe nulle part. Ceux qui ont découvert l'Amérique n'ont-ils pas fait quelque chose de ce genre ?* »

LA QUÊTE DE SENS

Lorsqu'on force un peu le jeu afin de cerner les valeurs qui servent de repères à Roland Arpin, il retrouve le langage imagé du pédagogue pour mieux expliquer ses convictions. « *La pyramide des valeurs est à l'image de la pyramide des besoins. On trouve à la base des éléments simples, quotidiens, des vertus civiques : l'ordre, le travail... Puis, à mesure qu'on monte vers le faîte de la pyramide, s'ajoutent des valeurs morales plus importantes, plus structurantes pour l'action : l'engagement, le respect des différences, la tolérance, la générosité, le partage. C'est au sommet que se retrouvent les grandes valeurs spirituelles et religieuses.* » La conversation se fait ici plus hésitante. Nous avons quitté l'univers des catégories intellectuelles éprouvées pour aborder une forme de réflexion qui ne s'appuie pas sur la certitude qu'on retrouve chez Roland Arpin lorsqu'on discute des questions d'éducation, de culture ou de gestion. « *Plus on avance dans la vie, plus on constate qu'elle n'est pas un système qui fonctionne comme le mouvement d'une horloge. L'homme propose sans cesse des choses dont il ne lui appartient pas de disposer. Chaque jour, nous sommes tiraillés entre l'espérance et le doute, car la société nous présente sans cesse un menu à la carte plutôt qu'une synthèse articulée et un projet collectif cohérent. Ce qui est le plus grave, c'est que l'indifférence politique s'installe insidieusement, comme s'est installée ces dernières années l'indifférence religieuse. Le présupposé religieux est déjà largement absent de nos choix culturels, ce qui crée un vide considérable; le présupposé éthique risque d'être de plus en plus absent de nos choix politiques, ce qui ne peut qu'aggraver la situation.* »

Ces réflexions se poursuivent longuement. Roland Arpin se fait prudent et circonspect. « *Nous sommes toujours sur une glace mince lorsque nous cherchons à faire un faisceau de nos expériences personnelles pour leur donner une portée plus large et universelle. Je crois bien, comme plusieurs autres, que ce monde où 80 pour cent de la richesse est concentrée entre les mains de 20 pour cent des habitants, lesquels engendrent de surcroît 75 pour cent de la pollution de la planète, est en train de se fissurer. La quête de sens, qui est une aspiration profonde chez tous les humains, passe dans nos pays riches par des décisions très contraignantes qui mettraient fin à la croissance indéfinie, à l'efficacité à tout prix et à n'importe quel prix, à la consommation effrénée. Redonner un sens à la vie, cela veut dire privilégier l'être plutôt que le paraître. Est-ce encore possible ? »*

Cette dernière phrase nous amène sur un terrain intime, celui d'une possible transcendance. Est-ce cela qui, pour Roland Arpin, permettrait de redonner un sens à la vie, de ne pas devenir cynique et désabusé ? Il ne recule pas devant cette question personnelle, conscient que ses convictions religieuses sont intimement liées à sa façon d'être, et même à ses pratiques de gestion. *« Oui, je suis croyant, pratiquant, j'ai la foi. C'est là une richesse et un don qui est fragile et périssable. Tout comme les dons de l'intelligence et du cœur, la foi doit être entretenue, cultivée, développée pour rester vivante. Malheureusement, j'ai peu d'occasions de tester la vigueur de ma foi, parce que je vis dans une société qui est au neutre et même en marche arrière en ce qui a trait aux valeurs religieuses et aux aspirations spirituelles. »* Tout naturellement surgit la question fondamentale : la mort, et peut-être l'au-delà, y pense-t-il ? *« Tout le monde pense à la mort, même ceux qui se disent prêts et ceux qui disent que la mort ne leur fait pas peur. Si je pense à la mort en elle-même, sans aucun rapport à ma foi, je suis dans le plus profond désarroi. Mais je suis chrétien. Cela ne me confère pas une force surhumaine, loin de là, mais me nourrit d'espérance. »*

Voilà que des souvenirs de la petite enfance aux réflexions sur le terme inévitable de l'existence, la boucle est bouclée. Cette biographie ne visait pas à faire découvrir une formule secrète, ni à exposer ce qu'il faut faire ou ne pas faire pour réussir. Son but était de montrer la cohérence intime d'un être, qui gouverne tant sa vie privée que sa vie professionnelle. Nous avons voulu esquisser le portrait d'un dirigeant dont la pratique peut inspirer les gestionnaires dans ce que Roland Arpin appellerait leur art.

Dans les grandes valeurs qu'il privilégie, souvenons-nous, en vrac, de la juxtaposition, du croisement et de la sédimentation de connaissances multiples, du dialogue constant entre la raison et la sensibilité, de la priorité accordée aux personnes et de la confiance en leurs forces intérieures, de l'importance de la générosité et de la solidarité... Ajoutons à cela la manifestation personnelle et quotidienne de ces valeurs sous-jacentes, dont l'équilibre est toujours en redéfinition : une grande exigence envers lui-même et les autres qui est l'expression de son amour du travail bien fait, mais qu'il pratique sans tomber dans un perfectionnisme stérile; une loyauté indéfectible envers ses patrons qu'il demande à son tour à ses employés; une soif de connaître qui lui donne le goût de tout embrasser; et surtout, une solide confiance en soi, cette ressource nécessaire entre toutes pour accomplir de grandes choses. Ces valeurs, ces qualités et ces défauts tracent le portrait d'un homme étonnant qui, pour reprendre une expression de Montaigne qu'affectionne Roland Arpin, est « extrêmement pluriel ».

★ ★ ★

C'est un vendredi après-midi au Musée de la civilisation. Roland Arpin a déjeuné en compagnie d'un collègue européen en visite à Québec. Il lui a fait visiter quelques expositions, ce qui lui a permis de saluer les guides et les gardiens de sécurité et de s'enquérir d'une des préposées à la réception qui a dû s'absenter quelques jours. Avant de quitter son bureau, il jette un coup d'œil sur le programme de la semaine suivante. Au menu, un conseil d'administration, un bref aller-retour à Montréal pour une conférence, le vernissage d'une nouvelle exposition, une rencontre avec les membres de la Fondation du Musée, la réunion hebdomadaire avec les directeurs, quelques rendez-vous — en somme, l'ordinaire d'un gestionnaire occupé. Il regarde, par la fenêtre qui donne sur la cour intérieure du Musée, la neige qui tombe depuis le matin. Puis il range quelques dossiers dans son attaché-case, et part en éteignant les lumières derrière lui.

Dehors, la froidure de l'air lui pique le visage. Il marche pourtant sans se presser, regardant le Musée qui, dans la pénombre de cette fin de journée d'hiver, se profile sur le ciel ambré. La tour qui le surmonte, à la fois rappel des clochers dont est parsemée la ville et phare qui souligne la présence du fleuve Saint-Laurent, se dresse comme une vigie. Au loin, en une sorte d'écho architectural, la silhouette du clocher du Séminaire de Québec lui répond. Il pense à l'union de l'ancien et du nouveau, du passé et de l'avenir, à la continuité préservée à travers la mémoire. Les deux institutions, gardiennes de l'histoire, lui semblent veiller sur la ville de leurs flèches jumelles.

BIBLIOGRAPHIE

ARTICLES SUR ROLAND ARPIN ET SUR LE MUSÉE DE LA CIVILISATION

CAZELAIS, Normand (1991). « Tourisme et culture au Musée de la civilisation », Chronique Tourisme, *Le Devoir*, 2 mai, p. B-5.

CHALVRON, Anne de (1991). « Musée de la civilisation du Québec : la cote d'amour », *La Lettre des musées de France*, n° 12, juin, p. 1-3.

CONLOGUE, Ray (1992). « Mass Appeal », *The Globe and Mail*, 4 janvier, p. C-1.

DONGOIS, Michel (1987). « Renouveau et changements sociaux », *Courants*, mars, p. 20-23.

LAMARCHE, Claude (1984). « Roland Arpin, l'instituteur devenu sous-ministre », *Les Diplômés*, n° 345, printemps, p. 21-22.

LESAGE, Gilles (1991). « Roland Arpin, humaniste et bulldozer courtois », *Le Devoir*, 26 janvier, p. A-1.

« MUSÉE DE LA CIVILISATION À QUÉBEC, le musée de l'an 2000 », Cahier spécial, *La Presse*, 23 mai 1992, 12 pages.

RICHER, Jocelyne (1991). « Roland Arpin lève le voile sur son projet de politique culturelle », *Le Devoir*, 4 mai, p. A-1.

RICHER, Jocelyne (1991). « Musée de la civilisation : une renommée mondiale acquise en deux ans », Cahier spécial « L'Effervescence muséale », *Le Devoir*, 11 mai, p. E-6.

RICHER, Jocelyne (1991). « Le musée québécois de l'import-export », *L'Actualité*, 1er novembre, p. 65-66.

ROUX, Emmanuel de (1992). « La chute de la maison Rivière », *Le Monde*, 9 janvier, p. 28-29.

ROUX, Emmanuel de (1992). « Espaces en mouvement pour un monde qui bouge », *Le Monde*, 9 janvier, p. 28-29.

RUEL, Sylvie (1991). « Le musée du peuple », *La Revue de l'Impériale*, automne, p. 10-15.

THELLIER, Marie-Agnès (1992). « Un musée pour le plaisir de ses clients », *Bulletin de Dimension Clientèle*, vol. 2, n° 2, juin, p. 1.

THIBAULT, Danielle (1990). « Un musée pas comme les autres », *L'Actualité*, janvier, p. 65-66.

TEXTES ET CONFÉRENCES DE ROLAND ARPIN[*]

« Un musée entreprise, est-ce une illusion ? » Entreprendre, Montréal, Mars 1993.

« L'École doit être culturelle dans ses fibres mêmes », entrevue avec Roland Arpin, *Vie pédagogique*, n° 84, p. 22-25, mai-juin 1993.

« Le Musée entre son public et ses publics », conférence aux Rencontres européennes des musées d'ethnographie, Paris, 23 février 1993.

« Les voies d'avenir des cégeps : cinq défis », table ronde sur l'avenir de l'enseignement collégial – Hôtel Reine Élizabeth, Montréal, 27 février 1993.

« Roland Arpin transforme les visiteurs de son musée québécois en clients », *Service News*, Paris, avril 1993.

« La direction des personnes au cœur de l'écosystème gestionnaire », conférence à l'Université du Québec en Abitibi-Témiscamingue le 29 avril 1993.

« L'école entre la tradition et la nouveauté », conférence prononcée à l'occasion du 25e anniversaire de l'Association des institutions d'enseignement secondaire, Cégep Montmorency, Laval, 7 mai 1993.

« Vouloir se donner un projet de société est-il une utopie ? » conférence prononcée lors du 61e congrès de l'Association des directeurs de police et pompiers du Québec, Hull, 30 juin 1993.

« Enjeux de la politique de la culture au Québec », Revue française d'administration publique, Paris, n° 65, janvier-mars 1993, p. 43-49.

« La gestion des ressources humaines au sein de l'administration publique : un art bien complexe ! » École nationale d'administration publique, automne 1983.

« L'évaluation : un moment de vérité dans le développement de l'enseignement collégial », Fédération des cégeps, 26 septembre 1984.

« Le Conseil du trésor quinze ans après », conférence présentée à l'Institut d'administration publique du Canada, Québec, 15 mars 1985.

---

[*] Plusieurs de ces textes ont été publiés dans des revues spécialisées ou dans des actes de congrès et de colloque.

« Les cadres supérieurs, des gestionnaires fiers de partager les objectifs de leur employeur et motivés par les défis actuels qu'il leur propose », Association des cadres, 23 avril 1985.

« Les valeurs qui militent en faveur de la rénovation de l'administration publique », conférence prononcée devant le personnel de la CSST, Saint-Hyacinthe, 4 septembre 1985.

« L'innovation dans l'administration publique : un impossible rêve ? » allocution prononcée devant l'Association des cadres du ministère de l'Éducation du Québec, 19 mars 1986.

« Quelques grands indicateurs actuels pour la gestion de demain », notes d'allocution, Congrès de l'Association des cadres intermédiaires des Affaires sociales, Québec, 5 juin 1986.

« Quelques faits porteurs d'avenir dans l'administration publique », notes pour un exposé devant l'Institut d'administration publique du Canada, section de Montréal, Québec, 18 mars 1987.

« Les perspectives de l'entreprise publique », conférence prononcée au Séminaire de l'Association franco-mexicana de administradores publicos, A.C, Mexico, 21 septembre 1987.

« Des défis pour les décideurs publics de la fin du millénaire », conférence prononcée devant les membres de l'Institut d'administration publique du Canada, 3 décembre 1987.

« Demain l'an 2000 : Quelques questions préoccupantes pour les administrateurs publics », conférence à l'intention des directeurs des centres d'accueil, 15 avril 1988.

« Les tendances qui se manifestent dans la société québécoise et comment l'administration publique peut s'inscrire dans ce mouvement », notes d'intervention au Colloque Adénap-Énap, Québec, 10 mai 1988.

« À quoi reconnaîtra-t-on qu'un cégep est de qualité ? » conférence prononcée lors du Colloque des 20 ans des cégeps, Sainte-Foy, 31 mai 1988.

« Les administrateurs des commissions scolaires : des cadres aux mains liées ? » conférence prononcée devant l'Association des cadres scolaires du Québec, Jonquière, 3 juin 1988.

« L'administration publique : un environnement en profonde mutation », conférence prononcée devant les cadres du ministère de l'Environnement du Québec, Québec, 10 juin 1988.

« L'administration publique : des pistes pour demain », allocution prononcée lors de la remise du Prix de l'excellence pour la carrière décerné par l'Énap et l'Adénap, Québec, 25 octobre 1988.

« Des orientations nouvelles en gestion des ressources humaines », colloque sur les nouvelles stratégies en gestion des ressources humaines organisé par l'Université du Québec, Montréal, 2 mars 1989.

« La recherche universitaire et le développement culturel », colloque annuel de la Faculté des arts de l'Université de Montréal, Montréal, 7 avril 1989.

« Quelques défis pour des services de la sécurité publique qui se préparent activement à l'an 2000 », Montréal, 9 mai 1989.

« À des administrateurs en quête d'un nouveau souffle », conférence au Conseil de la santé et des services sociaux de la Montérégie, 18 mai 1989.

« Une ville en santé dans une société en mouvance », conférence au Congrès des directeurs généraux de municipalités du Québec, Magog, 26 mai 1989.

« Les musées et la politique : cohabitation ou compromis », Congrès annuel conjoint, Association des musées canadiens et Société des musées québécois, Hull, 7 juin 1989.

« Quelle formation pour l'an 2000 ? », conférence, Conseil des Collèges, Saint-Sauveur-des-Monts, 15 juin 1989.

« Quelques défis pour des services de la protection publique qui se préparent activement à l'an 2000 », conférence présentée au congrès de 1989 de l'Association des chefs de police et pompiers du Québec, Montréal, 26 juin 1989.

« Visions 20/20 – Quelques enjeux pour les administrateurs publics », allocution présentée à la Conférence nationale de l'Institut d'administration publique du Canada, Edmonton, 28 août 1989.

« Notes sur l'exercice du leadership dans l'université », allocution présentée au Symposium de la Commission de planification de l'Université du Québec, Auberge Estrimont, Magog, 12 octobre 1989.

« Pour les années quatre-vingt-dix, un mariage à trois : muséologie, communication et pédagogie », conférence prononcée au Séminaire international sur la muséologie scientifique et technique, Université du Québec à Montréal, 18 octobre 1989.

« Fin de millénaire et administration publique : points de repère et voies nouvelles », conférence présentée aux cadres du ministère de la Santé et des Affaires sociales, 16 novembre 1989.

« Avenir et défis des cégeps », conférence prononcée lors du XXe anniversaire du Cégep de Matane, Matane, 20 janvier 1990.

« Subir ou prévoir l'an 2000 : un défi pour les administrateurs publics », allocution prononcée au Congrès annuel de l'Association des directeurs généraux des services de santé et des services sociaux, Val d'Or, 19 avril 1990.

« Les arts et la ville : présentation du Musée de la civilisation », allocution prononcée au colloque « Les arts et la ville », Québec, Château Frontenac, 11 mai 1990.

« Culture et marketing : une liaison dangereuse ? » allocution prononcée au Forum Marketing – Grand prix Publicité, Québec, Hilton Québec, 23 mai 1990.

« Le service à la clientèle au sein du gouvernement : discours ou réalité ? » allocution prononcée au Colloque Adénap-Énap, Québec, Auberge des Gouverneurs, 5 juin 1990.

« Évolution et défis du syndicalisme au Québec », allocution prononcée à l'École nationale d'administration publique (ÉNAP), Québec, 14 juin 1990.

« La vie d'équipe dans les organisations », allocution prononcée devant les membres de la Direction des médias, Château du Lac Beauport, Québec, 18 juin 1990.

« L'école primaire et secondaire, le lieu privilégié de la formation de base : quelle formation ? », conférence prononcée devant le personnel du ministère de l'Éducation du Québec, Québec, 30 août 1990 (article pour *Le Devoir*).

« Quelle école pour demain ? » conférence prononcée au Congrès annuel de l'Association canadienne d'éducation sous le thème « De l'ardoise au laser », Centre des congrès, Saint-Jean, Nouveau-Brunswick, 27 septembre 1990.

« Les cégeps après-demain », allocution prononcée lors du congrès de l'Association des cadres des cégeps, Hôtel des Gouverneurs, Place Dupuis, Montréal, 2 novembre 1990. Conférence d'ouverture au Colloque d'orientation du Cégep Beauce-Appalaches, 9 novembre 1990.

« Une économie à la remorque des valeurs montantes », notes de conférence à l'intention de l'Institut d'administration financière du Canada, section de Québec, Auberge des Gouverneurs, Québec, 13 novembre 1990.

« Plaidoyer pour des musées au service de la société », allocution prononcée au Colloque Muséologie et Environnement, Lyon, 6 décembre 1990.

« La culture : un territoire indivisible », mémoire présenté à la Commission parlementaire sur l'avenir constitutionnel du Québec, janvier 1991.

« Le rôle des administrateurs publics dans le contexte actuel : des paradigmes nouveaux qui commandent des attitudes nouvelles », conférence à l'intention des responsables de l'analyse et évaluation des programmes gouvernementaux, Auberge des Gouverneurs, Québec, 31 janvier 1991.

« Les musées doivent-ils occulter la politique ? » conférence prononcée lors du colloque de la Cité des sciences et de l'industrie de la Villette intitulé « La Société industrielle et ses musées », 14 mars 1991.

« L'utilité de l'ordinateur en pédagogie : mythe ou réalité ? » conférence d'ouverture du 7e colloque de l'Association pour les applications pédagogiques de l'ordinateur (APOP), Sainte-Foy, 29 mai 1991.

« Vers une communauté de pensée pour les villes du patrimoine mondial », notes pour l'exposé de synthèse présenté au Colloque international des villes du patrimoine mondial.

« Éduquer en français au Canada : rêve ou réalité ? » conférence au 44e congrès de l'ACELF, Windsor, Ontario, 8 août 1991.

« Des enjeux pour les politiques culturelles », allocution prononcée au colloque organisé par le Groupe de recherche et de formation en gestion des arts, École des Hautes Études Commerciales, Montréal, 17 octobre 1991.

« Notes sur les industries culturelles », notes pour l'allocution présentée dans le cadre du séminaire organisé par le Centre de recherche en littérature québécoise et la Chaire pour le développement de la recherche sur la culture francophone, Université Laval, 31 octobre 1991.

« L'école en tête », allocution prononcée à l'occasion de la 19e édition du Congrès pédagogique de l'Abitibi-Témiscamingue, Amos, 8 novembre 1991.

« L'action internationale du Québec : jalons pour un pays en construction », allocution prononcée à l'occasion de l'assemblée générale annuelle de l'association « Québec dans le monde », Musée de la civilisation, Québec, 12 novembre 1991.

« Culture et publicité », allocution prononcée devant le Publicity Club, Montréal, 15 novembre 1991.

« Le Musée de la civilisation – Présentation au Louvre », conférence prononcée au Louvre, Paris, 14 février 1992.

« La bibliothèque scolaire, un élément important de l'écosystème culturel », notes d'allocution prononcée à l'occasion du 2e congrès de l'Association du personnel des services documentaires scolaires (APSDS), Centre des congrès de Trois-Rivières, 30 avril 1992.

« L'apport des aînés à la culture québécoise », conférence prononcée dans le cadre de la journée d'étude sur le thème « L'Université Laval et les aîné-e-s : une dynamique à poursuivre », Théâtre de la Cité universitaire, Sainte-Foy, 8 mai 1992.

« Collèges créateurs d'avenir ou comment montrer que l'intelligence a un avenir », conférence prononcée à l'occasion du Gala du 25e anniversaire du réseau collégial, Palais des congrès de Montréal, 25 mai 1992.

« La culture scientifique et technique », notes d'allocution, réunion spéciale du conseil d'administration de la Société pour la promotion de la science et de la technologie, Montréal, 20 août 1992.

« Éducation et action culturelle dans les musées : intégration et enrichissement », conférence prononcée à la XVIe conférence générale du Conseil international des musées, 21 septembre 1992.

« Un homme bien élevé est un homme extrêmement pluriel », allocution présentée à l'occasion de la remise du baccalauréat international du Collège Jean-de-Brébeuf, Montréal, 6 novembre 1992.

« Pleins feux sur les musées », *Forces*, no 98, été 1992.

« Le musée entre son public et ses publics », conférence prononcée dans le cadre des Rencontres européennes des musées d'ethnographie, Paris, 23 février 1993.

« Vingt-cinq ans d'évolution du Québec et regards sur le futur », dossier « D'une culture élitiste à une culture de convergence », *Forces*, no 100, hiver 1993, p. 110-115.

Publications sur le Musée de la civilisation

Mission, concept et orientation, Musée de la civilisation, août 1987, 27 pages.

Organisation, principes et pratiques de gestion, Musée de la civilisation, février 1988, 47 pages.

« Objets de civilisation », présentation, Éditions Droquet et Musée de la civilisation, 1991, p. 11-21.

Le Musée de la civilisation, concept et pratiques, Éditions multimonde et Musée de la civilisation, 1992, 166 pages (aussi disponible en version anglaise).

À PROPOS DES AUTEURS

Geneviève Sicotte, M.A. en littérature française (Université McGill), a travaillé plusieurs années dans le secteur de la gestion d'entreprises culturelles. Depuis 1989, elle collabore régulièrement aux travaux de Laurent Lapierre en tant qu'assistante de recherche. Dans le cadre de ses fonctions, elle a rédigé de nombreuses études de cas portant sur la gestion des entreprises culturelles et sur le leadership. Parallèlement à ces activités, elle poursuit un doctorat en études françaises à l'Université de Montréal.

Francine Séguin, M.A. sociologie (Université de Montréal), Ph.D. sociologie (Université Harvard), est professeure titulaire et directrice du service de l'enseignement de la direction et de la gestion des organisations à l'École des Hautes Études Commerciales de Montréal. Toujours intéressée par la gestion dans le secteur public, son enseignement et ses recherches portent sur les théories des organisations et la stratégie d'entreprise.

Elle a rédigé plusieurs livres et articles portant tant sur des considérations théoriques en analyse des organisations que sur l'étude de certains problèmes auxquels les gestionnaires font face, notamment les changements dans les caractéristiques des consommateurs, le rôle de l'État dans la vie économique, l'amélioration continue de la qualité. De 1986 à 1993, elle a été directrice et rédactrice en chef de la revue *Gestion*. Membre des conseils d'administration des Fonds mutuels La Laurentienne et du Centre d'entreprises de mode de Montréal, elle est souvent sollicitée pour des conférences et des entrevues.

Laurent Lapierre, M.B.A. (HEC) et Ph.D. en administration (Université McGill), est professeur titulaire à l'École des Hautes Études Commerciales de Montréal. Ses cours portent sur les pratiques de leadership. Il est l'auteur d'articles et de travaux portant sur la gestion des entreprises artistiques, sur l'influence de la personnalité des gestionnaires sur leurs pratiques de direction ainsi que sur les comportements générateurs de succès et d'échecs. Il a dirigé la publication *Imaginaire et leadership* aux éditions Québec/Amérique et aux Presses HEC. Ses travaux ont été publiés en français, en anglais et en portugais. Il a été le premier directeur général de la Société artistique de l'Université Laval de 1970 à 1973, et a été directeur administratif du Théâtre du Trident. Membre du conseil d'administration de l'OSM, il est actuellement directeur et rédacteur en chef de la revue *Gestion*.

MARQUIS
Montmagny, Qc
octobre 1993